一读就上瘾的中国史

青少版①

王朝面孔

温伯陵 著

天津出版传媒集团
天津人民出版社

图书在版编目（CIP）数据

一读就上瘾的中国史：青少版：全四册 / 温伯陵著. -- 天津：天津人民出版社, 2024.3
ISBN 978-7-201-20188-7

Ⅰ. ①一… Ⅱ. ①温… Ⅲ. ①中国历史－青少年读物 Ⅳ. ①K209

中国国家版本馆CIP数据核字(2024)第020035号

一读就上瘾的中国史：青少版：全四册
YIDU JIU SHANGYIN DE ZHONGGUOSHI: QINGSHAOBAN: QUANSICE
温伯陵　著

出　　版　天津人民出版社
出 版 人　刘锦泉
地　　址　天津市和平区西康路35号康岳大厦
邮　　编　300051
邮购电话　（022）23332469
电子信箱　reader@tjrmcbs.com

责任编辑　郭晓雪
特约编辑　李媛媛　高　玉
封面设计　刘　洋
版式设计　谢　彬

印　　刷　天津旭非印刷有限公司
经　　销　新华书店
开　　本　710毫米×1000毫米　1/16
印　　张　43.25
字　　数　530千字
版次印次　2024年3月第1版　2024年3月第1次印刷
定　　价　159.20元（全四册）

目录

王朝面孔

第五章　王朝制度

帝王将相

第六章　传奇帝王

第七章 将相谋臣

文人奇女

第八章 文人名士

第一章 大一统王朝

秦：帝国的统一和荣耀

一

公元前361年，秦孝公[1]发布《求贤令》，他用优厚的待遇号召各诸侯国的优秀人才到秦国工作。其中有这样一句话："宾客群臣有能出奇计强秦者，吾且尊官，与之分土。"意思就是只要能让秦国富强，不仅可以做高官，还有土地、人口可以拿。这应该是最原始的"股权"激励了。

《求贤令》传到关东[2]六国之后，很多优秀人才掂量了一下自己的能力，感觉还不错，于是收拾行李西行，准备去秦国奋斗。其中有一个人是魏国的臣子卫鞅[3]。

卫鞅刚到秦国就走后门，他通过宠臣景监见到了秦孝公，经过三番五次的试探性聊天，他终于明白了秦孝公要的是国家霸业。这对法家[4]学子卫鞅来说简直是专业对口，可以和工作岗位无缝衔接，随后几年，秦孝公和卫鞅联手发起了变法。

众所周知，商鞅变法让秦国走上了富强之路。比如废井田[5]开阡陌、废除世卿世禄[6]、启动军功爵[7]等，正是这些调动人民积极性的政策，打造了

[1]（前381—前338），名渠梁，战国时秦国君。

[2]古地区名。秦、汉、唐定都函谷关或潼关以西，称关中或关右。关以东地区则称关东或关外。

[3]（约前390—前338），卫国人，号商君，也称商鞅。战国时政治家。

[4]战国时重要学派。主张法治、建立统一的君主国家等。

[5]相传殷周的土地制度，因土地划作井字形，故名。

[6]周朝贵族世袭爵禄位的制度。

[7]以军功大小来决定爵位和官职高低的制度。

强大的秦国国力。

彻底变法的秦国和六国相比，最大的不同是家庭关系。大家不要笑，这点真的很重要，因为它很大程度上决定了百年后的历史走向。

在生产力不发达的夏、商、周时代，维系社会运转的是大家族，毕竟城外野兽多，土地亩产不高，想要生存就要抱团取暖，而大家最信任的关系就是血缘。当时遍地都是一个一个的家族，一般来说，某块土地上生活的都是本家亲戚。如果看到不认识的陌生人，肯定是走街串巷的盲流子[1]。

这些家族为了更好地生存，便会互相联姻，他们用这种方式筑起家族的护城河，在争夺土地、水源、奴隶等事情上共同进退。于是，家族联盟诞生了。

那时的人想要发展，一定要有家族背景。只有家族支持你，你才有可能做成；一旦家族放弃你，你就只能独自闯荡了。所以当时的人们很看重家族血缘关系，甚至愿意为了家族舍弃自己的生命。有了这样的社会基础，复仇就成了很常见的事情。

如果某人的长辈或亲戚被杀害，他去复仇是不犯法的，反而会受到官府表彰，甚至民间舆论也会给予极大的赞美。这其实是一种自保手段，毕竟帮别人就是帮自己。万一自己哪天被人杀掉了，子孙还能通过复仇讨个说法。而复仇和争夺一定会制造很多家族之间的矛盾，那么家族私斗也就不可避免。

家族、血缘、私斗、复仇是夏、商、周的主

[1] 东北方言，指为逃荒、避难或谋生，从常住地迁徙到当地、无稳定职业和常住居所的人。

题，直到春秋战国依然如此。王朝想要统治天下，首先要做的就是笼络地方家族，而具体方法就是宗法[1]和分封[2]。比如姬家建立周朝成为“第一家庭”，然后把数十个同族亲戚和功臣封到各地，让他们建立国家，统治一片土地。而这批国家，就是诸侯国。

诸侯国成立以后，还要继续向下分封本地家族。比如老王家族得到了五十里土地，张三家族得到三十里土地……他们则属于诸侯国的卿大夫[3]。而老王在自己的土地上还得继续向下分封，叔叔划五里，伯伯分八里，儿子女婿各封十里等。这些叔叔、伯伯、儿子、女婿就叫作士。从周天子到士，江山被安排得明明白白，而分封的基础就是家族血缘。

所谓变法不彻底的关东六国，他们很大程度上保留了家族封地的传统，而彻底变法的秦国则是把家族打破了。秦国把那些几百口人的大家族拆分成只有几口人的小门小户。也就是说，大平层被改成了小户型。

变法之后，子女一旦成年就要离开父母，然后结婚生子，单独成立家庭，夫妻俩经营三到五口之家。秦国不是废井田开阡陌嘛，政府积累了数量庞大的国有土地，然后他们把一定数量的土地分配给小家庭，让夫妻俩努力种田、织布。耕和织，便是小家庭的主要任务。

大家可以想象一下，政府管理的都是三到五口之家，户籍人口是不是就清楚了？每户的土地数量

[1] 即“宗法制”，中国古代维护贵族世袭统治的一种制度，盛行于周朝。

[2] 即“分封制”，中国古代国王或皇帝分封诸侯的制度，西周时普及。

[3] 即卿和大夫，由周天子或诸侯分封的臣属。

是不是就清楚了？政府的权威是不是提高了？只要人口和土地数量弄明白了，紧接着就是人口动员力度的空前强大，以及赋税收取能力的简洁高效。这是一种“大政府，小户口”的社会结构，它彻底颠覆了几千年来的宗法家族社会。

秦国又在小户口的基础上配套了军功爵。军功爵不是单纯的军队头衔，而是政府开放的晋升通道，其中包括社会地位、官职、财富等。

一个士兵只要在战场上砍下敌人的头颅带回来，就能得到爵位，外加一顷田地、九亩宅基地的奖励。下次作战再打赢，他还能在原有的基础上继续得到奖励。换句话说，土地和宅基地是可以叠加的，而且上不封顶。秦国士兵只要能在战场上打赢，理论上爵位可以无限升级，政府奖励的土地也是一路增加，直到封为最高级的彻侯，有户口租税为止。

而且秦国的爵位又和政府职位挂钩。什么战功就得什么爵位，什么爵位就做什么级别的官，一切都有明确的法令，你只要努力打仗就行了，别的不用管，政府给你安排得明明白白。

但是军功爵不能传给子孙，一旦有爵位的人死了，就只能把分配的土地留给儿子，想要爵位还得自己去挣，皇亲国戚也一样。于是军功爵通过合法途径，挤走老贵族，扶持新贵族，除了君主，没有人能长久站在舞台中央，这就形成了社会阶层的新陈代谢。

很多人说秦始皇[1]不杀功臣是宽宏大量，其实主要是没必要，功臣去世自然无法再威胁皇位了。

[1] 即嬴政（前259—前210），战国时秦国君、秦王朝的建立者。统一六国后推行了一系列有助于中央集权的制度和措施，如：废分封行郡县，统一文字、货币、度量衡，修驰道等。

完全没必要和朱元璋[1]一样，费尽心机杀了几万人，最后搞得骂名滚滚。

除此之外，变法后的秦国还主张重农抑商[2]。这里要说点常识，很多人觉得重农抑商就是不发展商业，其实不是这样的，任何社会都需要货物流通，是不可能缺少商业的，没有商业简直要退回到原始社会了。

所谓重农抑商，主要是不给商人政治地位。秦国法律规定，耕织致富的人可以免除徭役，经商致贫者的老婆、儿子要抓去做奴婢，乍一看种田好，经商不好，但问题在于，种田致富的是少数，经商致贫的更是少数。这么一对比，还是大部分农民穷，大部分商人富，唯一的区别在于，农民很穷，但可以当兵做官，商人很富，但除了吃喝玩乐再没其他作用。换句话说就是，穷农民的政治地位高，富商人的政治地位低。这才是重农抑商的本质。

说到这里，秦国变法就很明白了。秦国的拆分家族和授予土地培养了庞大的自耕农[3]阶层，这群自耕农可以为秦国提供丰厚的赋税和海量的兵员，极大扩充了国家的执政基础。作为回报，秦国用军功爵开放上升通道，这样不仅可以调动人民为国征战的积极性，还能得到源源不断的人才储备。

除此之外，秦国堵死了其他上升通道，只有种田才能得到政治地位，只有立军功才能实现阶层跃升，这样一来，就把全部人口都绑架到了种田和作战上。我们之前说的“力出一孔”，就是这个意思。

[1] 即明太祖（1328—1398），明王朝的建立者。以平民出身，领导农民起义推翻元朝残暴统治，但也因为弑杀功臣遭诟病。

[2] 中国历史上主张重视农业、抑制工商业的经济思想和政策。这种思想和政策意在将农民固定在土地上，减少了人口流动，巩固了封建统治，但同时禁锢了社会经济的发展。

[3] 占有土地自己耕种的农民。他们是国家赋税、徭役的主要来源。

于是秦国把“小农经济[1]”打造成完整的闭环，国家、社会、家庭、阶层、经济、军事都在其中。所有的生产力通过闭环向朝廷汇聚，然后通过战争向关东六国输出，其战斗力非常强大。

正面作战交锋，社会相对自由的关东六国在秦国这种战争机器面前毫无胜算，百年间逐渐被秦国攻破。

公元前221年，秦始皇统一天下。

二

我们经常说，秦国的功业是统一，但是回过头来看，统一同样也毁了秦国。

秦国的驱动内核是耕战。只有不停地种田，人民才有政治地位，只有不停地作战，由农民转化而来的士兵才能实现阶层跃升。

秦国只有一直走在扩张的路上，人民才能得到想要的一切。秦国根本没有大国富强和小民尊严的区别，它们是绑定在一起的，一旦天下太平，首先要面临的是士兵得不到军功，授田没有了，爵位不升了，农民就不能愉快地转型做官了。

作为成就秦国的中流砥（dǐ）柱，军功爵已经不起作用了。生产力依然在闭环里汇聚，但是找不到输出的目标了。

说到这里，我们不妨开个脑洞：如果没有六国复辟，或者秦国的军队剿灭了刘邦[2]、项羽[3]，那

[1] 建立在生产资料私有制和个体劳动基础上，以户为单位从事农业生产活动的一种经济形式。劳动者通常是在小块土地上使用落后的手工工具进行分散经营，生产水平较低，抵抗天灾人祸的力量薄弱，因此并不稳定。

[2] 即汉高祖（前256或前247—前195），西汉王朝的建立者。公元前207年，攻占咸阳，推翻秦朝统治，后与项羽对峙五年，最终获胜，建立汉朝。

[3] （前232—前202），名籍，字羽。反秦起义军首领。曾在巨鹿之战中击败秦军主力，后在楚汉战争中战败自杀。

么秦国的未来会是怎样的呢？可以肯定的是，耕战依然是秦国的驱动内核，但秦国的疆域已经北至长城[1]，南到大海，由于人口和生产力的限制，秦国很难夺取草原和西域，也就是说，此时的秦国扩张已经到达边界了，而秦国没有科举、工业，又不鼓励商业，更加堵死了国内的阶层流通。随着时间推移，农民只能被锁死在土地上，军队士兵没有晋升空间，他们再也看不到希望。

既然向外的出路被堵死，那么秦国君民就只能在国内折腾。要么是朝堂掀起腥风血雨的权力斗争，各级官员被迫选择站队，朝堂大哥倒下后，猢（hú）狲（sūn）[2]也被一撸到底，空出的位置迅速由其他人填补。这样一轮又一轮，直到君臣的精力耗尽，才能得到暂时的休养生息。要么爆发内战，军队干部为了前程，煽动参与政治斗争的大哥动用武力，他们在内战中重新获取荣耀和军功，就像西晋的八王之乱[3]一样，最后留下一片废墟。

不管怎么选，秦国都不可能长久。体制决定了秦国是打天下的“创业型”国家，除非秦二世是有雄才大略的人物，能够大刀阔斧地对内实行改革，废除军事管制，放开工商等其他利益渠道，把汇聚到朝廷的生产力缓缓流向基层，让秦国人民可以享受到天下太平的红利。

可秦国没有等到那一天，甚至可以说，秦国根本没有改革的意识。

问题是，不改革就没有出路。秦始皇还活着时，对现实困境一点办法也没有。他知道敌国已经

[1] 中国古代伟大的防御工程。春秋战国时各国为互相防御，在形势险要的地方修筑长城。秦统一后，为抵御匈奴，对原有长城加以修缮，连贯而成“万里长城”，以后历代王朝基本都有修缮。

[2] 猴子的别称。多用来比喻依附于他人的人。

[3] 西晋皇族为争夺政权发生的动乱。晋初武帝大封宗室，并给予军政实权。武帝死后，司马诸王起兵。战乱持续十六年，参与的王不止八个，各少数民族首领也趁机起兵反晋，最终导致西晋灭亡。

灭亡了，但他还是要不停地找敌人，让精力过剩的人民和军队有奋斗的目标，进一步释放汇聚起来的生产力。

先是一句“亡秦者胡[1]”，秦始皇派蒙恬[2]带兵驱逐匈奴七百里。然后派任嚣（xiāo）和赵佗（tuó）[3]带兵南下攻取百越[4]，一路打到南海岸边。最后是筑长城、挖灵渠[5]、修陵墓、修宫殿……反正是没事也得找点事做。

倒不是说秦始皇瞎折腾，从国家长久来说，无论筑长城、逐匈奴还是开百越，他把秦国庞大的生产力都释放出来了，用一代人做了三代人的事情。他做的事情都对，但秦始皇在释放生产力的同时，顺便也透支了国力。

因为百姓不可能永远在宏大叙事中激情澎湃地唱战歌，百姓也需要有一点自己的小生活。虽然军功爵和耕战给了秦国人上升通道，但百年时间走过来，秦国人也累啊，小户家庭得到田地，正准备好好经营生活，还没开心多久就又要打仗了，家里的男人作为士兵上战场，田地只能由女人来经营，而一个女人能种多少地？于是分配给小户家庭的土地又被大面积抛荒。

从表面上看，秦国让每个家庭都得到了很多土地，可由于生产力的限制，这些田地根本发挥不了作用，都是账面数字。再加上各种严刑峻法，其实秦国人民是很苦的。

刘邦进入咸阳后，废除严刑峻法并和关中父老约法三章[6]，结果是“大悦”，这直接让刘邦站在

[1]《史记》载，秦始皇时，方士卢生曾预言“亡秦者胡”，秦始皇以为秦将要灭于胡人之手，于是派兵北击匈奴。

[2]（？—前210），秦名将。

[3]（？—前137），南越国王。秦末接替任嚣任南海尉一职，后建立南越国，西汉建立后受封南越王。

[4]秦汉以前分布于长江中下游以南的众多部落的统称。

[5]中国古代著名水利工程。秦始皇为统一岭南，命人兴修，以沟通湘、漓二水，贯通长江与珠江两大水系，为南征军队运送粮草补给。

[6]即以“杀人者死，伤人及盗抵罪”三条为律。刘邦借此收拢民心，获得了百姓拥戴。

了道德制高点。

秦国人民尚且如此，更别说六国遗民了。

三

六国遗民在旧制度里生活得太久了。那些早已被秦国消灭的大家族在六国依然遍地都是，人民依附于家族生活，找工作也得家族打招呼，个人和家族的联系依然很紧密。因此，六国不是国家统治家族，而是家族拼凑成国家。

整个国家的结构相对来说有些松散，但是对人民来说，他们的生活也相对自由。这种事就是零和博弈[1]。国家想要强大就要弱民，人民想要自由就要弱国，但走到任何一个极端都是死路。能够长久富强的国家，都是在国家与人民之间找到平衡点，双方都不越界，而这种默契需要很长时间才能培养出来。

[1] 是博弈论中的一个概念，与“双赢”理念相对，即博弈双方此消彼长，不存在合作的可能性。

秦国统一之后根本没有想给六国遗民让利，而是把六国当作“殖民地”，以一种征服者的姿态踏上了六国的土地。与此同时，秦国的制度也迅速在六国故土铺开，残存的大家族被拆分，原先的大部分官吏被罢免，各级主官都被换成了来自秦国的干吏和军人。一句话，听命令就行了。

六国遗民都懵了：“我们生活得挺好，秦国凭什么乱来啊？”他们早已习惯了家族互帮互助，习惯了“先家族，后国家”，习惯了来去自由、无拘无束的生活，习惯了为父母复仇和私斗杀人。

秦国来了，以前的事情都不让做了，他们唯一要做的就是种田和服劳役。就算种田，他们也不习惯。原先他们想种多少田就种多少田，不用国家强制约束，量力而为就行。结果秦国来了以后，明确告诉他们要种多少田、交多少粮、服多少役，还不能偷懒。

六国遗民怒了。这哪里是人过的日子，根本就是把人当畜生啊！而且秦始皇把六国的史书和诸子典籍都烧掉了，只留下了一些类似《养猪指南》《果树嫁接技术》等的实用工具书。对秦始皇来说，这是大一统必须要做的，可对六国遗民来说，他们也需要有自己的精神生活。

渐渐地，六国遗民不认为自己是国家的子民，充其量只是秦国的奴隶。归根结底，这就是两种制度的冲突。

秦国人民活得很辛苦，但经过百年的浸润，他们已经习惯了，他们愿意把个人与国家绑定在一起，为了国家富强而奋斗。可六国遗民没有这样的传统，让他们为国家富强奋斗，他们就觉得是被压榨和奴役。

秦国没有认识到这种区别，它像钢铁直男一样直接压上去，口中还说着：“服不服，不服的话我接着打。”六国遗民被按在地上摩擦，口中却还在嘟囔（nāng）：“我不服，我不服。”

蛮力可以把敌人打趴下，但绝对不可能使之折服。秦国强大时，天下人都在秦始皇的脚下颤抖，可是只要有一丁点儿机会，六国遗民就会起来反抗这种“暴政”。而且六国遗民对故国有很强烈的认同感，他们不觉得秦国统一有什么好处，反而特别怀念齐、楚、燕、韩等国号。他们不在乎君主是谁，但他们却很在乎国号能否存在。如果没有这个国号来证明自己的身份，他们总感觉自己就是亡国奴。

制度和国号，成为六国遗民心中的刺。当陈胜[1]在大泽乡喊出“王侯将相宁有种乎[2]”时，六国遗民纷纷揭竿而起，他们不仅要推翻压迫他们的暴政，还要恢复古老的国号。

三年后，刘邦入咸阳，项羽分封诸侯。秦国亡。

①（？—前208），字涉，秦末农民起义首领。秦二世时征发贫民戍边，队伍行至大泽乡（今属安徽宿州）天降大雨，不能如期到达。于是与吴广以秦律过期当斩为由，号召起义，揭开了秦末农民战争的序幕。

②大意为：王侯将相并非天生。

四

公元前202年，刘邦在定陶[3]称帝。

由于战争年代的利益置换，刘邦把关东六国的故地都封给了功臣，并让他们重新树起齐、楚、燕、韩的国号，统治六国遗民。具体怎么统治，就由你们自己商量着办吧，朝廷也不怎么管。

而刘邦的汉朝统治秦国的故地依然用的是秦国的制度，只是废除了很多严刑峻法，让人民能喘口气。平心而论，刘邦未必愿意这么做。秦始皇的大一统多牛啊，皇帝高高在上，朝廷拥有无与伦比的权力，那种睥（pì）睨（nì）众生的感觉多好啊。

③今山东定陶县西北。以陶丘得名。

如果有的选，恐怕没有人愿意放弃。

但刘邦的实力不足，他无法完全模仿秦始皇，只能学到一部分。

误打误撞，汉朝的国与民找到了一个平衡点。汉朝重建了秦国的制度，包括三公九卿[1]、郡县[2]、军功爵等都被继承了下来，但它又不像秦国那样强硬要求人民必须服从。

汉朝只要求人民按时交税、按时服兵役，有功劳也给你爵位，但其他时间人民可以自由支配，种地也可以，经商也不拦着，想读书也没问题。在国与民的零和博弈中，局势逼朝廷削减了权力，逐渐让渡给人民，双方力量达到五比五的比例，而不是秦国的九比一。

而对于六国遗民来说，他们也挺满意。汉朝恢复了六国的国号，遗民们又一次找到身份归属，即便统治者是汉朝，但他们也不再认为自己是亡国奴了。至于国王是谁，完全无所谓。

后来刘邦灭掉韩信[3]、彭越、英布[4]等异姓王，把关东封国基本换成了同姓王，六国遗民也无所谓。因为现在秦国严苛的制度没有了，国号也回来了，六国遗民再也没有不满意的，他们以为又要继续自古以来的美好生活。

这就是汉朝的“一国两制[5]”。关西是秦制，关东是六国旧制，汉朝不仅保留了各自的特色，还对秦国的高压统治安装了“减压阀”，又在国家层面实现了相对平衡。汉朝人民嘴里说着不同的语言，却一起站在汉朝的大旗之下，做着各自的事

[1] 秦朝中央官制。三公即丞相、御史大夫和太尉。下设九卿，分管各类政务和皇室事务。三公九卿全部由皇帝任免，不世袭，且分工明确、相互制衡、行政高效，共同构成秦的中央政府，影响历代王朝。

[2] 即郡县制，秦朝地方行政制度。郡、县长官由中央政府任免，不世袭，加强了中央对地方的控制。

[3]（？—前196），西汉初军事家、异姓诸侯王之一。善用奇谋，曾指挥“背水一战”“明修栈道，暗度陈仓”等经典战役，因战功封王。后有人告发其谋反，被诱杀。

[4]（？—前195），西汉初异姓诸侯王之一。后因举兵造反被诱杀。

[5] 指汉初实行的“郡国并行制”，郡和王国同为地方高级行政区域。郡直隶中央，王国由诸王统治。

情，这些都是八年楚汉战争的成果啊。

都说汉承秦制，其实汉朝是秦国的修正主义，不是原汁原味的秦国制度。但正是这种修正主义，挽救了秦国的制度，如果不是刘邦变通，恐怕真的要退回到春秋战国时代了。

九泉之下，秦始皇见了刘邦恐怕也不知道该说什么。夸奖做得好吧，可刘邦灭了秦国，让秦始皇一生心血付之东流；但要说恨吧，恐怕也恨不起来。因为刘邦继承了秦始皇的事业，把大一统和郡县制都延续了下去。秦始皇唯一应该感到可惜的，应该是法家思想和焚书坑儒[1]，刘邦非但没有继承下去，反而起用了儒生制定礼仪[2]。这个心情，非常复杂。

五

刘邦用妥协的方式把七国故地的遗民重新拉回到一个饭桌上，虽然开始时大家都心存芥（jiè）蒂（dì）[3]，但好歹都在一个桌子上吃饭了，你吃羊肉泡馍，他吃烩（huì）面条，还有人吃鱼肉、米饭，他们都觉得自己的饭是最好吃的。

随着时间的流逝，有的人吃腻了同一样食物，便转头看向旁边的人，恰好，此人也吃腻了，想换换口味，于是大家开始交换食物，尝试之后才觉得："哎呀，不错啊。"原来以为很难吃的东西居然是人间美味。最后上菜时，大家决定干脆不用分

[1] 秦始皇统一六国后，为统一思想文化而制造的两起重大事件。这种思想上的专制统治钳制了人们的思想。

[2] 《史记》载，大儒叔孙通博采夏商周古礼，融合秦礼，删繁就简，形成了一套完整又易操作的礼乐制度，确立了汉帝国的各种行为规范和尊卑秩序，巩固了皇权。

[3] 细小的梗（gèng）塞（sè）物，比喻积在心里的怨恨或不快。

人头了，直接摆在桌子上互相吃吧。

秦始皇用强迫的方式也没有让大家吃下去的饭，被刘邦妥协引导，大家都愿意主动吃下去了。后来汉朝稳定下来决定休养生息，不再争论“儒家好还是法家好”，朝廷和人民一起埋头发展经济。大家都知道，不管儒家和法家说什么，吃不饱饭的都不好。

经过文、景[1]两代帝王的治理，汉朝国力蒸蒸日上，只要勤劳肯干，基本都能吃饱穿暖，于是汉朝人民终于有了一个共同的名字：汉人。

不久的将来，他们会站在汉武帝[2]的大旗下，向着北方强大的匈奴发起冲锋。汉朝既有大国崛起，也有小民尊严。

[1] 即汉文帝刘恒（前202—前157）、汉景帝刘启（前188—前141）。

[2] 即刘彻（前156—前87），西汉皇帝，景帝之子。在位时，文治武功鼎盛。

汉：大汉帝国的财政和国运

一

汉朝初年是典型的"小政府、大市场"格局，刘姓诸侯王各占一国。他们有自己的政府、军队、法律，除了礼仪和血缘，基本和朝廷没太大关系，关起门来就能过自己的小日子。

而归属朝廷直辖的郡仅有十五个，只占全国土地的三分之一左右。官员俸禄、功臣赏赐、朝廷财政等开支，都包含在这十五郡的税收之内。本来就穷，又有庞大的负担，真的太难了。如此局面，足以碾碎任何一个雄主的野心。换言之，汉初就不具备诞生雄主的土壤。

于是，朝廷只好省吃俭用，一点点积攒家底。杀伐果决的统治者，突然具备了极大的耐心。刘邦死后，吕太后[1]掌权。北方草原的冒（mò）顿（dú）[2]单（chán）于[3]写信给她："你没丈夫，我没妻子，咱俩凑合过吧。"

吕太后深吸一口气，忍。忍耐换来安定的社会环境，"政不出房户，天下晏然[4]"。直到汉文帝时代，朝廷又把已经极低的税收再次压低，三十

❶（前241—前180），名雉，字娥姁（xǔ），汉高祖刘邦皇后。刘邦死后，其子惠帝即位，掌握实权，惠帝死后临朝称制，共掌权十六年。

❷秦末汉初匈奴雄主。挛（luán）鞮（dī）氏。杀父自立，统一中国北部，并趁乱南下占领河南地（今河套一带），势力强大，对西汉王朝形成严重威胁。

❸匈奴最高首领的称号。

❹安定、安宁的样子，用来形容天下太平。

税一[1]，恐怕再也没有比这更低的税收了。汉文帝甚至一次次免税，只为让子民的日子可以过得宽松一点，至于朝廷用度，以前的积蓄已经够用一段时间了。

历史告诉我们，有利益的地方就有争夺。政府不参与，民间就会自动介入，总之，不会有人放任不理。

汉初的社会，天下赤贫。大家一样穷，都处在同一条起跑线上。没有祖辈的积累，没有人脉的制约，也没有世俗的焦虑，能穿多大的裤衩（chǎ），就看自己有多大的屁股。

勤劳而头脑灵活的人迅速占据先机。有人努力开垦土地，有人从事手工业，有人煮盐炼铁，都迅速积累了大量财富。他们大都依靠头脑和机遇起家，在政府退出的空白市场占据了有利位置。这样的时代，可遇而不可求。

蜀中卓氏，山东刀氏，关中田氏、杜氏等，都依靠当地的盐、铁、粮食、马匹等贸易积累了巨额的财富。工商业收入甚至和田税相差无几。

没发家的普通人也过得不错。只要蛋糕做大，哪怕只分一点，也足以小康。那些年，出门骑母马都会被人耻笑。就好像现在，出门相亲时，开跑车和坐公交车的区别。

大市场做了大蛋糕，朝廷也尝到了甜头。《史记·平准书》[2]记载："京师之钱累巨万，贯朽而不可校。太仓之粟陈陈相因，充溢露积于外，至腐败不可食。众庶街巷有马，阡陌之间成群，而乘字

[1] 即征收土地收获总量的三十分之一。

[2]《史记》，中国第一部纪传体通史，西汉司马迁著，记载了从黄帝到汉武帝时期的三千年的历史。《平准书》，史记篇名，中国最早的经济史专著。

牝（pìn）者傧（bīn）而不得聚会。[1]”大意就是：厉害了，我的汉！

二

民间用头脑发家，贵族则借权势敛财。汉文帝在岗位上小心谨慎，衣服上的补丁一层盖一层，就算帷（wéi）帐破了洞也舍不得换，凑合着用吧。可这样的皇帝，也亲手打造了一位首富。这位首富叫邓通。

邓通是农村人。那时，汉朝没有基层教育全覆盖，也不搞送书下乡的活动，所以邓通读书不多，因为经常去河里玩，练就了一身划船的本事。老父亲给了邓通一笔钱，打发儿子到长安谋官。他运气很好，到长安不久就在宫中找到了一份工作——黄头郎，专门给宫中贵人划船。

话说，有一天汉文帝做了个梦。他想上天成仙，却怎么都上不去，突然有人从背后踹了他一脚，“咣（guāng）——”，从此位列仙班。汉文帝回头一看，竟然是一个黄头郎。第二天，他来到未央宫沧池边，盯着划船的黄头郎仔细看。突然，邓通划船路过，和他梦中的人一模一样。

不久，一个算命先生对汉文帝说：“依我看，邓通恐怕会饥饿而死。”汉文帝很生气：“我的人怎么会饿死？你是在藐（miǎo）视我的权威啊。”于是，他赏赐给邓通亿万家财，还把蜀中的一座铜

[1] 大意为：京城积聚的钱币千千万万，以至穿钱的绳子朽烂，无法计数。太仓中的屯粮如兵阵相连，多到露天堆积在外，甚至腐烂不能食用。街巷中的百姓也有马匹，田野中的马匹更是成群，以至乘年轻母马的人受排斥不许参加聚会。

矿送给了邓通，允许他自己铸钱，想铸多少就铸多少。这相当于送了他一台印钞机。

邓通还是很有职业素养的，他铸的钱分量足、质地纯，是全国人民都喜欢的硬通货[1]，号称“邓通钱”。那些年，“邓通钱”占据了汉朝金融市场的半壁江山。换言之，他已经控制了大半货币的发行量，处于资本市场的上游。

另一位权贵资本的代言人是吴王刘濞（bì）[2]。刘濞是汉高祖刘邦的侄子，年纪比汉惠帝刘盈还要大六岁，是正儿八经的皇亲国戚。

公元前196年，英布造反，刘邦御驾亲征。半年后，英布被诛，刘邦衣锦还乡。喧嚣热闹中，他忍不住发出“安得猛士兮守四方[3]”的哀叹。其实，不用刻意寻找，他身边就有一位。那年刘濞二十一岁，小伙子年纪不大，却十分生猛，他早已追随刘邦征战多年，积累军功至骑将。刘邦宽厚的大手搭到刘濞肩上：“就你了，好好干。”于是他被封为吴王，统辖三郡五十三城，定都广陵，也就是现在的扬州。

东南水陆纵横，两千年前的海面离广陵也不远，这是一座近似于海边的城市，拥有无穷的商业潜力。长安朝廷连直辖的郡县都不严管，更顾不上遥远的吴王刘濞。在“小政府”产生后，刘濞迅速抢占“大市场”，开办了一系列产业，煮盐、炼铁、开铜矿、铸钱币……垄断了民生、工业、矿产、金融等赚钱的生意。

吴国之富庶，竟可以免除百姓的农业税。朝廷

[1] 指在国际上能广泛用于计价、支付、结算等的货币。通货即“流通货币”的简称。

[2] （前215—前154），吴楚七国之乱主要发起者。

[3] 出自汉高祖刘邦所作《大风歌》。大意为：天下有哪位勇士能为我守住这片江山。

和封国，邓通和刘濞，都能依势取财，吃定上游生意，直至富甲天下。

三

汉朝立国六十年，可谓国泰民安。战争的伤痕早已远去，曾经刻骨铭心的记忆也变得模糊，经历过苦难的人逐渐凋零，汉朝人不再对当年感同身受。

新一代的孩子生来就活在太平盛世，他们不知道曾经的苦日子，只能感受到大汉的兴盛。这是不完美的，必须加以改进。

北方的匈奴，把汉朝当作待宰的羔羊，只要有需要，就骑马而来痛宰一顿。南方的百越，蕞（zuì）尔[1]小邦也敢挑衅大国威严，甚至还有尾大不掉又藐视朝廷的封国、盘踞郡县的富豪、武力称雄的游侠黑帮，这些都是大汉帝国的毒瘤，为盛世添上瑕疵（cī）。

衰弱的国力一步步恢复，让汉人有了底气，甚至有了一个朦胧的大国梦。尾大不掉的封国，让朝廷产生加强权威的决心。拖朱曳（yè）紫[2]的富豪、依仗武力的黑帮和承平日久[3]的官员，就像一片绿油油的韭菜，呼唤酷吏登场。

这是最好的时代，也是最坏的时代。伟大功业中隐藏着万丈悬崖，斑斓世界里又有吞噬一切的黑洞。万江奔腾，沿着河岸上溯（sù），终有源头，

1 形容小。

2 佩带朱色或紫色的印绶（shòu）。古代朱、紫都是高官贵族才能使用的颜色，因此用来形容地位显贵。

3 太平日子已经过了很久。

即是开国之初，刘邦在卧榻上做出“休养生息[1]”的那一刻。

此时，历史的舞台迎来了汉武帝刘彻。他终将被人心裹挟，活成别人希望的模样，又在辗转腾挪中，夹杂着自己的私心。

都说英雄成就历史，可历史的车轮滚滚向前，英雄也只是其中的一部分，他必须用自己的才智服务于大势，回报则是可以拥有改变车轮走向的机会。

[1] 西汉初年至汉武帝之前的六七十年里，统治者采用黄老之学，推行无为而治、轻徭薄赋、发展生产、与民休息的执政思想和政策，使经过秦末战乱的天下得到恢复，国力稳步提升。

四

如今，只要说起汉武帝，人们就会想到他南征北战的赫赫武功。可汉武帝一切功业的前提是整顿内政。

公元前154年，吴王刘濞等七个封国起兵造反[2]，虽然汉景帝成功平定叛乱，但诸侯国的势力依旧强大。对朝廷来说，强大的地方永远让人如芒在背[3]。

卧榻之侧，岂容他人酣（hān）睡！公元前127年，一个叫主父偃（yǎn）[4]的大臣上书：“不如允许藩王将国土封给子弟，如此，封国越来越小，朝廷越来越强。”一个有雄心的帝王，是不可能拒绝任何一个削弱地方的机会，“大政府，小地方”格局初露端倪（ní）。

然而，等待诸侯死去还是太慢了。十六年后，

[2] 即吴楚七国之乱。汉景帝时削弱封国，引发吴、楚、赵等七国叛乱，三月后被平定，此后王国军政大权收归中央，实力大减。

[3] 像芒刺一样扎在背上，形容人极度不安、焦虑。

[4]（？—前126），复姓主父。西汉名臣，因能言巧辩著称。曾向汉武帝提出推恩令、迁徙豪强、边境屯田等治国良策，被武帝采纳。

汉武帝再次举起屠刀对准王侯。那年，他要祭拜宗庙，按照惯例，刘姓王侯也要奉献黄金[1]，一起向刘邦问好，可他看到的是黄金成色严重不足。对待赏赐饭碗的祖宗都不上心，还能指望你们对朝廷效忠？汉武帝很愤怒，但愤怒的面孔下，仿佛隐藏着按捺不住的笑意。

[1] 即酎（zhòu）金，汉代诸侯献给朝廷供祭祀之用的贡金。汉武帝借黄金成色不足一事剥夺爵位，史称“酎金夺爵”。

这个天赐良机，他已经等了很久。借“不忠不孝”的名义，他免除一百零六位列侯的爵位，有封国的王也被削减封地，实力再次缩水。没有明确的标准和红线，王侯犯罪与否，都看皇帝的心思，说你有罪你就有罪，说你是好人你就是好人。

雷霆雨露，均乃天恩！横行九十年的诸侯王，彻底退出历史舞台。从此以后，朝廷是唯一说了算的人，再也没有力量可以对他造成威胁。

地方上的敌人，除了封国还有游侠、豪强。现在封国完蛋了，对其他人是不是就没有办法了？不着急，慢慢来。

汉朝皇帝在继位之初就开始修建陵墓，直到去世为止。汉武帝的茂陵[2]整整修建了五十三年。堂堂皇帝，总不能孤零零地自己住吧？朝廷就发明了一举两得的办法：迁徙（xǐ）天下富豪，在陵墓周围居住，这样既削减了地方势力，又为陵墓增加了人气。

[2] 汉武帝陵墓，周围有卫青、霍去病、霍光等陪葬墓二十多座。

公元前127年，汉武帝下令，迁徙财产三百万以上的富豪，前往茂陵居住。之后的汉朝帝王也常效仿。每当成长起来一批富豪，就会被迁往关中，然后带着财产重新开始。

汉朝的社会为什么稳定？因为郡县中没有豪富之家，由官府直接管理百姓，二元制社会中百姓的潜力达到最大化，官府的动员组织力也达到最大化。

五

在“小政府”时代，民间商业富豪如过江之鲫（jì）[1]，他们是享受鲜花和掌声的时代佼（jiǎo）佼者，也是后辈青年为之奋斗的目标，豪宅美姬是人生标配。但当大国博弈激烈时，撒向战场的铜钱如流水，六十年积累起来的国库，很快就空空如也。这时，手握资金和产业的富豪，就成为待割的“韭菜”。

这是脏活，也是技术活，一般人干不了。好了，终于轮到我们的重要嘉宾出场了，有请桑弘羊[2]。

桑弘羊是洛阳神童，和贾谊[3]是一个等级的。十三岁时就因心算厉害被招入皇宫，做了太子刘彻的伴读。两年后，刘彻继位为帝，桑弘羊也水涨船高，成为从龙之臣。

公元前120年，桑弘羊开始参与朝廷经济事务。他为皇帝谋划了一系列刺激财政的规划：算缗（mín）[4]告缗[5]、均输平准[6]、盐铁官营[7]。这三项政策都是为了建立国有经济、充实国库，具体措施前面已有叙述，不再赘（zhuì）述。

[1] 比喻某类人或某种事物数量多。

[2]（前152—前80），西汉财政专家。擅理财。

[3]（前200—前168），西汉政论家、文学家。曾提出“众建诸侯而少其力”的办法削弱诸侯，代表作有《治安策》《过秦论》等。

[4] 西汉武帝打击富商大贾（gǔ）、增加财政收入的经济措施。即对商人、手工业者、高利贷者和车船所有者征收财产税。

[5] 算缗政策的补充，即鼓励揭发逃税漏税的不法行为，查实后没收逃税漏税者财产，并奖励告发者。

[6] 均输，调剂物资运输。平准，平衡物价。二者都是中国古代由中央政府统筹管理经济活动的经济措施。

[7] 中国古代由中央政府统一经营、管理盐铁业的经济政策。

桑弘羊的“三板斧”下去，朝廷国库迅速充盈，代价则是来自权力和垄断的不可避免的腐败。盐铁价格高就算了，咬咬牙也就买了。可不能忍的是，官营产品的质量奇差，根本不能满足日常需求，而节省下来的成本都进入了官员的腰包。

朝廷富裕，官员发财，只坑百姓。

酷吏杜周，年轻时只有一匹马，退休时却有万贯家财。他赚钱最多时，是执行“算缗告缗”的三年。

当朝廷拥有天下的利益时，也就有了天下的麻烦。

六

汉朝的财政转折迅猛如虎，让很多人不理解：“为什么不坚持走无为而治的路子呢？好好过日子不好吗？”因为英雄也只是历史的一部分。

可以说汉武帝好大喜功、杜周杀人如麻、桑弘羊是经济“沙皇”，但不能说他们专门在折腾国家，谁都不是吃饱了撑的神经病。因为真正左右一切的东西，叫局势。

转折点来自公元前133年的马邑之围[1]，韬光养晦了七十年的汉朝，已经有足够的底气去争取国家尊严，而汉朝要想成为真正的大国，匈奴是永远避不开的大山。

这一年之后，国战大幕缓缓拉开。民心、国

[1] 西汉武帝时谋划的企图一举歼灭匈奴主力的一次军事计划。汉武帝时，朝廷策划引诱匈奴至马邑（今山西朔州）进行围歼，后因消息泄露未成。自此，西汉开始与匈奴大规模交战。

力、敌人，三种力量交织成一个巨大的棋盘，中间是无比幽暗的黑洞，吞噬（shì）一切可见的光明。棋盘上没有棋手，只有棋子，有的人自以为是棋手，却终究会被现实打醒。

权势滔天如汉武帝，渺小如升斗小民，他们都在局势的棋盘上辗转腾挪，寻找着自己的位置，也付出自己的一切。这就是汉武帝那一代人的宿命。

▲汉代五铢钱

唐：中国历史的顶峰

一

大家都知道，农业文明的精髓在中国。自从三皇五帝以来，我们的先辈发现黄河流域是块风水宝地，于是放弃游牧生活，开始驯化野兽、种植农作物，在黄河两岸定居下来。

经过夏、商、周和春秋战国的发展，不论建筑、技术、文化或者经济，中国已经形成一整套农业文明体系。

这套体系不是某项单一的技术，而是各项技能集合起来，组成错综复杂的国家机器。

比如国家和人民依赖农业，就要有围绕土地制度、收税方式、兵役以及统领一切的朝廷。

比如社会依赖工业，就要有保护财产的法律，要有银行和货币，还要有知识产权保护以及人民福利。

文明体系是否完成，代表国家的实力强弱。

秦汉时期，中国农业文明由量变达到质变，产生了郡县制等国家制度，再加上董仲舒[1]糅（róu）合诸子百家改造的经学，农业文明产生几千年，终

[1]（前179—前104），西汉儒家代表人物。其学说以儒家宗法思想为中心，杂以阴阳五行说，形成完整的新儒学体系，为汉以后统治者加强中央集权提供了理论根据。

于成了体系。虽然现在看来，秦汉帝国的文明有点简陋，但在当时绝对是远超周边国家。

秦始皇说句话，蒙恬马上驱逐匈奴七百里。汉武帝不想和亲，几十年时间就把匈奴打残了，后来的陈汤[1]甚至说出“一汉当五胡”的话。强大不强大?

我们心向往之的秦汉帝国其实是踩中历史的进程，正好出现在农业文明发展的关键点上。而周围的游牧民族别说文明了，连文字都没有，战场失败之后就烟消云散了。

所以说，秦汉帝国对周围民族是文明体系，尤其是技术代差的碾压，就像工业革命后的英国对其殖民地一样。

于是，一超无强的格局出现了。周围游牧民族蹲守草原，望着强大的汉朝瑟瑟发抖。打又打不过，想骂人还没文字，于是有些人就选择了向汉朝靠拢。他们带着七大姑八大姨南下，逐渐在长城南北和陕甘定居下来，汉朝也形成了万国来朝的盛况。

周围游牧民族向内地迁徙，造成人口比例失调，这是没有办法的事。文明必然吸引蛮夷，蛮夷必然仰慕文明。这也是历史的进程。

后来汉朝崩溃了，迁徙而来的游牧民族登场，闹出乱哄哄的十六国[2]，紧接着就是南北朝[3]分裂的数百年。整个魏晋南北朝其实是给秦汉帝国擦屁股，一直擦了四百年才把农业文明演进过程中的矛盾擦干净，这时唐朝华丽登场了。

[1]（？—约前6），西汉名臣。元帝时为西域副校尉，率军攻杀西逃的匈奴郅（zhì）支单于。

[2]西晋末年各少数民族统治者在北方先后建立的十六个割据政权，史称“十六国时期”。与十六国几乎同期的南方是东晋。

[3]东晋灭亡至隋统一之间一百七十年的南北分裂局面，其中南朝经历宋、齐、梁、陈四代，北朝经历北魏、东魏和西魏、北齐和北周。最终隋文帝杨坚统一南北。

从历史渊源来看，唐朝能成为世界性帝国，是南北朝民族融合的结果。大家可以注意一下，唐朝的开国基本盘很多是鲜卑[1]人，比如长孙无忌[2]、窦皇后、独孤氏、宇文氏等，甚至连李世民[3]都有浓厚的鲜卑血统。

可以说，大唐是胡汉民族共同组成的，虽然他们坚持农业儒家文明不动摇，但大唐君臣对民族界限很模糊。突厥[4]人、高丽（lí）[5]人、日本人在朝廷做官，在大唐君臣看来根本不算什么事，因为他们的祖宗就是这么做的。

所以李世民才会说："自古皆贵中华，贱夷、狄，朕独爱之如一。"刘邦不会说这样的话，汉武帝也不会说，曹操[6]更不会说，因为他们都没有民族融合的历史渊源，只有身怀胡汉血统的李世民，才能说出各族平等的话语。

大唐成为世界性的帝国，首先在于民族界限的开放。而大唐的开放，又来自秦汉以来农业文明的推进，也就是说，历史的进程造就了唐朝的开放，不是朝廷下令开放就能开放的。

从某种程度来说，至少在"安史之乱[7]"以前，唐朝是个"移民国家"。

二

所谓文明体系，包括国家制度和社会生活，它们从来不是一蹴（cù）而就的，而是经过漫长的时

❶古族名。两晋南北朝时大量内迁。其中拓跋氏建立的北魏统一了北方，实行汉化政策，逐渐与其他民族融合。

❷（？—659），唐初大臣。字辅机。唐太宗长孙皇后之兄。

❸即唐太宗（599—649），唐朝皇帝。唐高祖李渊次子。在位时开创贞观之治。

❹古族名、汗国名。南北朝时在漠北建立突厥汗国，隋唐时分裂为东西两部，后被李世民打败。

❺古王族名、古国名。也称"高句（gōu）丽"，中国史书多称"高丽"。西汉末在中国东北建国，北魏时迁都朝鲜半岛的平壤。

❻（155—220），字孟德，三国时政治家、军事家、诗人、三国魏奠基者。曾率军征服东北的乌桓。

❼唐中期地方节度使、少数民族将领安禄山和史思明发动的叛乱。此前，唐朝大量任用少数民族将领。

间积累来完成的。那么农业文明体系是什么时候完成的？恰恰是唐朝。

秦汉的文明形态比较粗糙，郡县制没有下到乡村，所以人才上升渠道不畅通，人民生活也没什么变化，整天除了种地就是吃饭打仗。但是经过几百年的发展，纸张的普及让文化下沉了，三长制[1]、均田制[2]让管理下到乡村了，于是国家制度修正为三省六部[3]和科举制[4]。

发现了吗？自从唐朝确立农业国家制度以来，后世千年都没怎么变动，并且传播到朝鲜和越南，辐射大半个亚洲。

如果把农业文明比作抛物线的话，唐朝是顶峰。处于下坡期的宋朝起码还能对唐朝做出修正，但到了明清两代任何创新都没有，只能沿着千年的旧传统向前走。所以在同时代的其他国家、民族看来，东土大唐简直是“人类灯塔”。制度先进、农业繁荣、诗文华丽，此生恨不得老死大唐啊。

这种文明代差[5]的碾压，又产生了一批羡慕者，看自己国家各种不顺眼，每天拿先进的大唐和落后的本国对比。很多有财力的精英，纷纷移民大唐，住在长安、洛阳和太原，享受着文明巅峰的精神物质供应。

文明体系中文化代差的碾压是大唐成为世界帝国的第二个特征。

很重要的一点是，大唐没有强制性的意识形态。本来中国的意识形态是儒家，可是李氏皇族号称“老子[6]”后代，非要把道教弄成国教，好吧，

[1] 北魏孝文帝时创立的基层政权组织制度，“三长”即党长、里长、邻长。负责检查户口，监督耕作，征发赋税徭役等。

[2] 北魏至唐中叶的土地分配制度。规定农民按人口、官吏按等级分配无主荒地，并向国家纳税。

[3] 隋唐时期的中央行政制度。“三省”即尚书省、中书省、门下省，中书出令、门下封驳、尚书执行。“六部”即吏、户、礼、兵、刑、工六部，隶属尚书省。

[4] 隋唐以来通过考试选拔官吏的制度。允许士子自由报考，朝廷依考试成绩录取授官。

[5] 这里指的是不同历史阶段的文明差异，如农业文明和工业文明之间的差异。

[6] 春秋时思想家，道家学派创始人。一说即老聃，姓李名耳，字聃（dān）。著有《道德经》。

皇帝陛下说了算。等到武则天[1]掌权时，为了对抗李氏的道教，她又扶持起佛教为臂膀，于是唐朝就成了“三教合一”的典范。

工作多年的人都知道，一旦有三个领导说了算，那就基本是没有人说了算，很多事情在扯皮推诿（wěi）中就过去了。唐朝就是这样。没有固定的意识形态，让从朝廷到民间的氛围特别宽松，而且很难找到严格的道德约束，从来没人教你该干什么。只要不犯法不谋反，什么话都能说，什么事都能做。

白居易[2]把皇家故事写在《长恨歌》[3]里，非但没有人禁言，反而流传得到处都是，很多人都能背诵。

作为唐玄宗李隆基[4]的子孙，唐宣宗在白居易死后写悼诗，竟然堂而皇之地把《长恨歌》作为美谈。什么，老祖宗被黑你居然不管？什么，大唐哪条法律说了可以管？

都说唐朝自由，其实唐朝的自由建立在意识形态宽松的基础上，那种雍（yōng）容的盛唐气度，也是由此而来。但是这种事情只能出现在唐朝，后来的朝代都没有学习的条件。因为经过几百年的发展，儒家从汉朝的云端已经跌落了，佛、道反而大力发展，儒、释、道的地位达到一种平衡的状态。只有这样，才有李渊[5]和武则天扶持道、佛的基础，朝廷力量才扶持得起来。

可以说，唐朝成为世界帝国，是农业文明发展到顶峰以后，加上很多偶然因素产生的，根本没法

[1]（624—705），唐高宗皇后、武周皇帝。载初元年（690年）称帝，改国号为“周”，后还政李唐，取消帝号，死后谥大圣则天皇后，遂称“武则天”。

[2]（772—846），字乐天，唐诗人。

[3]描写唐玄宗和杨贵妃的爱情故事的长篇叙事诗。

[4]（685—762），唐朝皇帝。在位前期开创开元盛世，后期任用奸臣、沉溺声色，终致安史之乱。

[5]即唐高祖（566—635），唐王朝建立者。

复制，甚至没法模仿。

历史的进程犹如长河，走过一段美丽的风景，就再也回不去了。

三

后世王朝不能成为世界帝国，还有很重要的一点，就是文明具有扩散性。

农业文明在中国产生以后，成就了汉唐的强盛，吸引了一堆“慕汉／唐人”，他们在中国学习到文明的精髓后，迅速扩散到落后的国家。比如日本连续几百年派出遣唐使[1]，用学回来的技能硬生生把日本的文明线条推进了八百年。比如契丹[2]在唐朝是游牧部落，但是宋朝的契丹已经建立起完备的国家，契丹君臣还会写诗，文采风流一点也不比中原差。金国完颜亮[3]甚至能写出“提兵百万西湖上”的豪放诗句。其他的如越南、朝鲜、吐蕃[4]等国家也差不多。

也就是说，文明扩散到周边国家以后，中国对邻国的文明代差就没有了。以后的宋明王朝再也不能像汉唐一样，用文明代差碾压周边国家，而是不得不当作平等的国家来对待。后来的辽、金、元和清，不论组织力度还是文明程度，哪里是匈奴和突厥可以比拟的？

说到这里，我们可以总结一下：

第一，中国产生农业文明，并且在唐朝达到顶

[1] 日本朝廷派到中国唐朝的使节，目的在于学习唐朝的典章制度和文物知识。

[2] 古族名、古国名。分布于东北辽河上游一带。五代十国时，耶律阿保机统一各部，建国“契丹”，北宋初改国号为辽，北宋末年被金灭亡。

[3] 即海陵王（1122—1161），金朝皇帝。在位期间迁都燕京（今北京）。

[4] 唐时青藏高原的藏族政权。唐初，吐蕃赞普（君主）松赞干布统一西藏高原，建立政权。与唐朝时战时和，通使频繁，文成、金城两位公主先后入藏和亲。

峰，可以对周边国家碾压。

第二，历史进程的演化让唐朝的血液里产生开放、宽松的基因。

第三，周围国家好好学习，让中国农业文明扩散到其他国家，导致后世再也没有出现大杀四方的帝国。

这就是农业文明的历史进程。中国正好赶上好时机，辉煌了一千多年，后一千年虽然在走下坡路，但依然能保持尊严。

当农业文明走到尽头，工业文明兴起以后，世界的格局全变了。曾经落后的英、美成为工业文明的主流，并且搭建起工业文明的体系，走上了汉、唐曾经坐过的铁王座。

曾经先进的中国，只能和当年的契丹与蒙古[1]一样，默默地学习、追赶工业文明体系。

[1] 民族名。十三世纪初，成吉思汗统一大漠南北各部，建立大蒙古国，或称蒙古汗国。后又建立元朝及四大汗国。

宋：藩镇，杯酒释兵权

一

961年，东京汴（biàn）梁[1]，三十五岁的赵匡胤[2]在散朝后，单独留下石守信、高怀德、王审琦等禁军[3]将领，相约一起聚聚。大家都很开心，一坛坛精酿美酒被端到桌上，老哥们回忆起激情燃烧的岁月，都不胜感慨。是啊，一群当兵的，咋就成了开国元勋呢？

赵匡胤端着酒杯在憧憬未来："哎，如果有人把黄袍披在你们身上，这可咋整？"完了，完了，这顿酒不好喝啊。石守信等人赶紧放下酒杯："陛下，你说咋整就咋整。"赵匡胤赶紧说："你们赶紧辞职吧，回老家多买点房子、囤点田，去过逍遥日子吧。"就这样，一群死人堆里滚出来的禁军将领，乖乖地卸甲归田了。

自安史之乱以来的藩镇[4]割据，被赵匡胤一句话就平息了。按照历史书上的说法，这叫"杯酒释兵权"，表达了将领们的忠君爱国之心，也体现了赵匡胤的宽厚和仁爱，反正是皆大欢喜。其实呢，都是一群戏精的拙劣表演。

[1] 北宋都城，今河南省开封市。也称"汴京"。因在长安东面，故称"东京"。同样有"东京"之称的还有东汉、隋唐时期的洛阳。

[2] 即宋太祖（927—976），北宋王朝建立者。

[3] 宋时中央直接掌握的正规军。

[4] 唐时在边境和重要地区设置的地方行政机构。也称"方镇"。掌管当地军政，后来权力逐渐扩大，兼管民政、财政，形成地方割据势力。

“杯酒释兵权”的背后，是“安史之乱”后持续近百年的血腥暴力，才把桀（jié）骜（ào）不驯的藩镇势力打压下去。这其中的门道，赵匡胤和兄弟们都清楚得很。

二

“安史之乱”后，唐朝一直在削藩。779年，唐德宗继位为帝，他的母亲是电视剧《大唐荣耀》中女主沈珍珠的原型。继位初年，他雄心万丈地想要恢复大唐荣耀，改用两税法[1]、打击宦官、平定藩镇……大有一番中兴之气。

两年后，成德镇节度使李宝臣去世。按照惯例，应该由儿子李惟岳继承节度使宝座，统治一亩三分地。可唐德宗年轻气盛啊，他马上喊停。

当潜规则成为一种约定俗成的秩序时，就会有一群人趴在上面吸血。如果你想要挑战潜规则，那你就是那些既得利益者的敌人。于是，唐德宗就成了那个妄图割据的节度使的敌人。

魏博、淄青、山南节度使联合李惟岳，准备武力对抗朝廷。经过两年战争，平叛军队已经取得了很大的胜利。可就在此时，有野心的节度使都慌了。如果把他们都收拾妥帖，那下一个是不是就轮到我们了？一起反了吧。于是，卢龙、成德、淄（zī）青、魏博四镇节度使称王，淮西、泾（jīng）原节度使称帝，这就是晚唐的“二帝四王之乱”。

[1] 唐德宗直至明中期的基本赋税制度。每年分夏秋两季征纳，故称。两税法按贫富等级征税，征税对象以财产、土地为主，改变了过去以人丁征税的局面，赋税制度趋于公平合理，一定程度上减轻了人民负担。此法一直沿用到明中后期张居正推行“一条鞭法”。

既然是平叛战争，那就继续打呗！不好意思，朝廷没钱了。“安史之乱”前，朝廷财政本就不健康，再加上中原经历多年战争，财政早已空虚。没钱、没粮，指望谁给你卖命呢？从此之后，唐德宗彻底蔫了。早年间雄心万丈的帝王，眨眼间变成一个葛朗台[1]式的守财奴。那几十年，想打动唐德宗只有一个方法：送钱。谁给他送的钱多，谁就是他的心头好、小心肝，提拔做官或者鱼肉百姓都没问题。

805年，唐德宗去世，唐顺宗李诵继位，然而仅仅八个月，李诵被迫退位，坐在皇位上的变成了唐德宗的孙子——唐宪宗李纯。唐德宗给孙子留下的唯一遗产，就是多年贪婪积攒下的财富。这笔财富，成为唐宪宗中兴大唐的最大本钱。

此后多年，唐宪宗用爷爷留下的财富，重新武装起一支军队，把当年羞辱爷爷的藩镇打得丢盔弃甲。806年，西川节度使刘辟叛乱，被斩首；817年，唐将李愬（sù）攻破蔡州，生擒淮西节度使吴元济；818年，四镇兵马讨伐淄青镇，淄青节度使李师道死；819年，宣武节度使归顺，请求留在长安。最重要的是，完全割据的“河朔三镇[2]”之一的魏博节度使田弘正，主动请求归顺朝廷。

大唐中兴，局面一片大好。可唐宪宗努力十五年，也把爷爷留下的财富挥霍殆（dài）尽，空虚的国库再也经不起一场战争了。

820年，李纯去世。“河朔三镇”再次脱离朝廷，而这次朝廷没有余力再去讨伐，只能妥协。从此以后，唐朝再也看不到统一的希望。

[1] 十九世纪法国作家巴尔扎克的长篇小说《欧也妮·葛朗台》中的主人公。是一个精明、狡诈、视财如命的吝啬鬼。后来也用来代指吝啬的人。

[2] 安史之乱后唐在黄河以北设置的三个方镇，即成德镇、魏博镇、卢龙镇。

三

唐朝是一个贵族社会，阶级界限很严格。无论是法律、礼仪、社交、科举，甚至是上升渠道上，唐人明显地被分割成贵族、平民和奴隶三个阶级。想想唐朝的名人——房玄龄、杜如晦[1]、魏征[2]、李靖、裴行俭[3]、杜甫、杜牧[4]……无一不是贵族出身，不是大贵族也是小贵族。张居正[5]这种平民百姓，在唐朝还想做宰相？做梦去吧。

在大唐盛世，想出人头地，只有做官一条路，然而，这条路恰恰不对平民子弟开放。但“安史之乱”后，一切都不一样了。

首先是藩镇。北魏[6]“六镇起义[7]”之后，就有很多游牧民族在河北定居，按照传统来说，他们是北齐[8]的子民和官僚。但后来的北周[9]、隋、唐都奉行“关中本位[10]”的政策，河北作为被征服者，除了少数贵族，大部分人都不能进入朝廷。

武则天时代，契丹入侵河北，朝廷居然都不帮忙，反而说河北人是奸细，让他们自力更生。

由于历史渊源，让河北人对朝廷很没有好感，再加上唐玄宗时代的税收、兵役压榨，导致安禄山造反能一呼百应。

而藩镇割据后，河北人生活得更好了。节度使自行收税，大大低于朝廷的税率，老百姓可以留存一部分钱，用来改善生活。

节度使要治理藩镇，就要招揽本地人才。不论

[1] 唐初两位名相，人称“玄龄善谋，如晦善断”。

[2]（580—643），唐初著名谏臣。先后上谏二百多次，多被唐太宗采纳。

[3] 唐名将。

[4] 唐诗人。人称“老杜”和“小杜”。

[5]（1525—1582），明内阁首辅、帝师，曾掌国十年，主持变法。

[6] 鲜卑人拓跋珪（guī）所建，建国后逐渐统一北方，后分裂为东魏和西魏。

[7] 北魏末年北方六镇戍兵与各族人民反抗贵族镇将残酷压迫的起义。

[8] 550年，东魏权臣高欢之子高洋所建。

[9] 557年，西魏权臣宇文泰之子宇文觉所建，建都长安（今陕西西安市西北）。577年灭北齐，统一中国北方。581年为隋所代。

[10] 宇文泰制定的以经营关中为根本，居重驭轻、宰制全国的基本国策。

是从军，还是做吏、升官，都释放了大量的工作机会，而且藩镇根本没有贵族的土壤，完全是平民的乐园。再加上唐宪宗把一部分节度使的权力下放到州，虽然削弱了节度使，但也在州的层面上开拓了很多军政机会。这是在朝廷统治下完全享受不到的福利。

在藩镇，平民百姓有升迁做官的机会，而在朝廷上，不是贵族，就永无出头之日。此时，藩镇已经产生了地域保护性质的文化。唐朝的削藩战争，不仅是财政的较量，也是平民和贵族价值观的战争。这是藩镇可以长久存在的根本原因。

晚唐的藩镇和五代十国[1]的掌权者，没有一个出身于传统贵族，不是兵痞（pǐ）就是流民，甚至还有乞丐。这些人和贵族怎么可能站在一个队伍里面？

其次是财政系统。758年，“安史之乱”正进行得气势如虹。唐肃宗[2]为了调集资源平叛，派第五琦[3]担任盐铁使，到扬州开展盐业专卖。只要是垄断行业，都是赚钱的买卖。

第五琦用十钱的价格收购食盐，然后转手就卖了一百一十钱，中间净赚一百钱。十倍的利润啊！二十年后，盐业专卖的收入占朝廷一半的税收。后来，采矿、茶叶专卖也被收入囊中，再加上长江流域的收税权，盐铁使的职位和权力水涨船高，盐铁使机构成为庞大的财政系统。

盐铁使的机构几乎独立于朝廷的任何部门，完全不受控制。这样庞大的系统要想正常运转，就需

[1] 自唐灭亡到宋建国之间，各地分裂、政权更迭的动乱历史时期。五代即北方相继建立的五个朝代：后梁、后唐、后晋、后汉、后周。十国即中国南方和今山西地区，先后出现的吴、前蜀、楚、吴越、闽、南汉、荆南（即南平）、后蜀、南唐、北汉等国。

[2] 即李亨（711—762），唐朝皇帝，玄宗第三子。安史之乱后即位，在位期间平定叛乱，收复长安、洛阳。

[3] （约712—约782），唐中期著名财政专家。曾主持改革盐法，官收官卖，禁止私贩。

要懂财政的人。他们不需要懂儒学、会写诗，只需要学习财政税务，就能在盐铁使的下属机构中找到不错的职位。而这些学问，恰好不被主流社会所接纳。在盐铁使的机构中，为财政官员提供了快速上升的渠道，他们互相联姻、帮扶，结成稳定的利益共同体。

最后是宦官。一般来说，正常人不会从事这种职业，但皇宫需要大量宦官，活儿总是需要有人来做的。

晚唐，宦官也是走向人生巅峰的捷径，尤其是“甘露之变[1]”后，宦官在朝廷作威作福，统领神策军[2]，并且还可以外派到地方做监军。

宦官们通过认父子、结兄弟的方式，形成了一股遍布天下的势力。

总之，“安史之乱”以后，大唐再也不是单一的贵族社会，而是为平民子弟开辟了很多上升渠道，平民和贵族又在相互对抗。要想重新统一，就要把所有渠道整合到一起，或者兼并，或者消灭。显然，这是一项高难度动作，大唐的血统和价值观都不足以完成。

四

有一首诗叫《三垂冈》：

英雄立马起沙陀（tuó），奈此朱梁[3]跋扈

[1] 唐后期朝官与宦官之间的斗争。当时宦官专权，唐文宗与大臣李训、郑注密谋，诈称大明宫左金吾大厅后石榴树上夜有甘露，引诱权宦仇（qiú）士良等前往观看，以伏兵杀之，结果消息泄露，李训、郑注等被杀，并株连上千人。

[2] 唐玄宗时名将哥舒翰为防御吐蕃设立的戍边部队。后成为守卫京师的禁军，同时兼有出征之责。

[3] 即五代时期的后梁王朝，由朱温代唐建立，故称。

（hù）何。

只手难扶唐社稷，连城犹拥晋山河。
风云帐下奇儿在，鼓角灯前老泪多。
萧瑟三垂冈下路，至今人唱《百年歌》。

这首诗写的是李克用[1]、李存勖（xù）[2]父子，让人对英雄暮年不胜感慨。

李克用一生征战，却死都不能出河东。他的儿子李存勖是“军二代”“霸道总裁”“曲艺学者”，在乱哄哄的五代十国，是最有希望完成统一的人选。可李存勖最终也身败名裂。欧阳修[3]在编《新五代史》[4]时，还专门写了一篇《伶官传序》[5]，把李存勖狠狠黑了一把：“同志们，千万别玩物丧志啊！”

欧阳修没看清问题的关键：玩物丧志只是表面原因，李存勖失败的根源是藩镇对统一的反扑。彼时，宦官和神策军早已烟消云散，江南的财政系统也被十几个小国瓜分，只留下总部带着骨干队伍回到北方，和户部、度支使合并为三司使，进入宋朝更是成为计相[6]。

只要扫平藩镇，统一大业指日可待。而藩镇中最能闹事的，是魏博镇。要说魏博镇的历史渊源，那是由来已久。763年，史思明之子史朝义的旧部田承嗣（sì）投降朝廷，被封为魏博节度使。从此以后，虽然节度使家族更换过几次，但魏博镇一直都是钉子户。历代节度使都会招募精壮做牙兵[7]，用来驾驭军队。久而久之，魏博镇最有权力的反而

[1]（856—908），五代时后唐王朝奠基者。沙陀人。长期割据太原一带，与朱温对峙。死后，其子灭后梁，建后唐。

[2]（885—926），五代时后唐建立者。沙陀人。灭后梁后志骄意满，沉溺享乐，宠幸伶官，任用奸佞，后因兵变被杀。

[3]（1007—1072），北宋文学家、史学家。北宋古文运动的领袖、“唐宋八大家”之一。

[4]纪传体史书，二十四史之一。

[5]《五代史》中《伶官传》前的一段序文。文中总结了后唐庄宗李存勖兴亡的教训，提出了“忧劳可以兴国，逸豫可以亡身”的道理。

[6]宋初三司使之别称，位居副相。掌全国钱谷出纳、均衡财政收支，为最高财政长官。

[7]唐末五代节度使直属亲兵。

是牙兵，晚唐年间就有“长安天子，魏博牙兵”的说法，可见权势熏天。

915年，后梁皇帝朱友贞想把魏博镇一分为二，这样既可以削藩，又能加强朝廷力量。魏博镇马上反水，投降李存勖。

只为自己谋福利，不顾朝廷和大局的死活，这就是唐末五代的藩镇。他们早已从平民的阶梯，变成邪恶的怪兽。

出卖后梁，只是魏博镇的常规表演。李存勖带领魏博牙兵东征西讨，八年后终于灭掉后梁，重新恢复大唐江山。

坐在皇位上，李存勖蓦然发现：“不对劲啊。”当然不对劲。以前自己就是藩镇，当然不会用战略眼光看问题，现在做皇帝了，对随时都能挑战自己的藩镇，膈（gé）应得慌。

后人总说：“李存勖昏头了，派戏子做官。”可从另一个角度看，他派身边人去地方做官，未尝不是向藩镇夺权，为将来建立集权朝廷做准备。

就在李存勖准备用戏子抓权的时候，魏博牙兵出来表演了。他们在大本营魏州发动兵变，又把前来平叛的大太保[1]李嗣源拥立为帝，最终逼得李存勖纵火自焚。李存勖只是败给历史惯性而已。

然而，魏博牙兵也没有什么好下场。927年，后唐明宗李嗣源花重金收买牙将，把牙兵和家属在一夜之间斩杀干净。史书重点记载了魏博镇的命运，遍地藩镇逃不过被诛杀的结局。经过一次次淘汰，大部分藩镇在血腥屠杀中消失。

[1] 官名。西周始置，为辅弼君王的重要大臣。汉以后多用来表示恩宠而无实职。相传李克用养子十三人都封了太保，号称“十三太保”。

五

五代十国中，有四个朝代出自河东一脉。后唐、后晋、后汉、后周，都曾是李克用和李存勖的麾（huī）下，他们数十年征战平定了北方，也用屠刀铲除了藩镇。可他们自己也是藩镇，怎么办呢？只能自我净化。

首先是层出不穷的叛乱。节度使安重荣曾说："天子，兵强马壮者当为之，宁有种耶！"意思是，兵强马壮就能当皇帝，哪有什么血统。

每当心意不能被满足时，节度使们就起兵造反。失败不用说，兵马、妻妾、财富全部被瓜分，藩镇败落。但如果成功了呢？就去洛阳和汴梁当皇帝呗。

其次，每次改朝换代的胜利者，都会把自己的精锐军队改编为禁军，以强化首都的军事力量。李存勖称帝后，就把河东旧部升格为禁军，还吸纳了河朔藩镇的精锐、后梁禁军。

李嗣源称帝，把自己的嫡系也编入禁军。后来的石敬瑭[1]、刘知远[2]、郭威[3]等人，无不是自藩镇入主中枢。他们进入汴梁的同时，也把嫡系带入禁军，顺便接收前朝禁军。

几十年后，藩镇的精锐部队基本都成为朝廷禁军，直接导致后周末年的藩镇一个能打的都没有。正是有这样的禁军基础，才会有柴荣[4]改造禁军的机会，也才有赵匡胤在禁军中爬升的平台。

[1]（892—942），五代后晋建立者。沙陀人。李嗣源之婿。后唐时为河东节度使，后借助契丹支持起兵建立后晋，称帝后应诺割让燕云十六州给契丹，奉契丹皇帝为"父皇帝"，自称"儿皇帝"。

[2]（895—948），五代后汉建立者。沙陀人。

[3]（904—954），五代后周建立者。沙陀人。

[4]（921—959），五代后周皇帝，郭威养子。在位期间改革政治、南征北战，为北宋统一奠定了基础。

最后是成功人士都向汴梁集中。随着历次兵变和改朝换代，失败者都化作黄土，胜利者则追随皇帝进入汴梁朝廷，成为时代的佼佼者。那个时代，军人就是社会精英。

当军人、军官和家属都迁徙到汴梁后，地方上的人才也会急剧匮乏，想搞事情也拉不起队伍。到此时，藩镇才算是真正被驯服。

从来没有什么一蹴而就，都是时间的沉淀。柴荣时代的禁军和朝廷，集合了北方的精英人才，才能成就其威名。而这一切，都被赵匡胤继承。

六

终于轮到赵匡胤上场了。赵匡胤算是五代末期的典型代表。他在郭威麾下当兵，又跟随造反大军杀回汴梁，后来进入禁军系统。在这个五湖四海的大家庭中，他结交了一帮当世精英。这也是当时藩镇青年精英的人生轨迹。

既然禁军已经成为朝廷最强大的力量，也是最核心的晋升平台，那么藩镇还有什么吸引力呢？因为此时出现了两个问题：一，藩镇再也没有力量来挑战朝廷的权威，只要敢造反，一定会被强大的朝廷禁军扑灭；二，如果遇上软弱的皇帝，禁军将领很适合兵变。

柴荣去世后留下孤儿寡母，赵匡胤直接在陈桥黄袍加身[1]。赵匡胤是一路凭军功升迁的悍将，能

[1] 赵匡胤发起的夺取后周政权的兵变。后周末年，赵匡胤在陈桥驿发动兵变，部下替他披上黄袍，拥其为帝，建立北宋。

打又会做人，石守信、王审琦等将领又有谁是他的对手？所以当赵匡胤“杯酒释兵权”时，其实他们没有选择。况且只是离开禁军系统，到地方工作而已，地位、待遇都给足了，一旦战争爆发还会被召回，也算是当时正常的工作调动。

看起来是赵匡胤英明神武，其实是两百年来无数人努力换来的。这份功劳簿（bù）上，还有唐德宗、唐宪宗、朱温、李存勖、李嗣源、石敬瑭、刘知远、郭威、柴荣……甚至还有黄巢[1]、魏博牙兵。而赵匡胤，只是最后一个摘桃子的人。

[1]（？—884），唐末农民大起义领袖。多次参加科举却落榜。后率众起义，攻克洛阳、长安，建国“大齐”，不久被唐军围城，撤出长安后战败自杀。

七

藩镇的问题解决了，就真的天下太平了？没有的事儿，还有一个接班人的问题。既然赵匡胤是禁军悍将，可以在柴荣去世后钻空子，把七岁的小皇帝拉下马，那么赵匡胤去世后会不会也有人这么做？不是没这种可能。

如果仔细捋（lǚ）一捋就会发现，黄巢起义之后，从来没有少年天子能坐稳皇位的，他们只会被骄兵悍将拉下马。只有接班人有自己的嫡系，他们才有活命机会。石重贵[2]不行，刘知远开开心心入汴梁；刘承佑[3]控制不了朝廷，郭威就敢黄袍加身；柴宗训[4]年纪小，赵匡胤陈桥兵变。

对于这一切，赵匡胤非常清楚。为了保住赵氏江山，他只能选择自己的弟弟赵光义。反正都是赵

[2]后晋末帝。沙陀人。石敬瑭之侄，石敬瑭死后即位。

[3]后汉末帝。刘知远之子。即位三年后诛杀权臣，引发大将郭威叛乱，最终身死国灭。

[4]后周末帝。柴荣第四子。七岁即位，第二年赵匡胤发动陈桥兵变，被贬。

家人，肉烂了也在一个锅里。子虚乌有的“金匮之盟[1]”要求赵家人兄终弟及[2]，也是这个意思。

960年，赵匡胤登基，马上开始培养弟弟，先是封弟弟为殿前都虞候（hòu），参与禁军管理，又加封为宰相、开封府尹，最后封为晋王，位居宰相之上。一切都是让弟弟培养嫡系，将来保住赵氏江山。

而他的亲生儿子，却晋升缓慢，最后被亲爱的叔叔拿捏得死死的。只能说，赵匡胤对得起家族和弟弟，赵光义却对不起哥哥。

赵光义继位后，也是按照这条路培养儿子。十六岁时，宋真宗[3]被封为宰相；二十七岁出任开封府尹，逐渐建立了自己的势力；三十岁时，才能继位称帝。此时，宋朝已建立三十八年。从“安史之乱”开始的藩镇割据、皇权不振、骄兵悍将等现象，此时才算正式结束。算算时间，整整用了二百四十年。

①金匮，金属制成的匣柜。金匮之盟相传是宋太宗继位后与宰相赵普共同伪造的文件。杜太后（太祖生母）病重遗言，后周幼子继位，以至亡国，太祖日后应传位于弟弟赵光义。太祖承命，命赵普写誓书，藏于金匮。

②即兄死后由弟按年龄长幼逐次继位。

③即赵恒（968—1022），北宋皇帝。在位期间与辽国签订澶渊之盟，后伪造天书，封禅泰山，劳民伤财。

八

“杯酒释兵权”从来都不是单一事件。在两百多年中，无数阴谋、背叛、杀戮、战争在中国大地上演，把人性之恶展现得淋漓尽致。在那个时代，没有人敢憧（chōng）憬（jǐng）明天。

同样是在黑暗时代，赵匡胤却反其道而行之。他没有用阴谋、屠刀等手段，而是开诚布公地谈判，和曾经的兄弟推心置腹，达成相互谅解。这就是一种人格魅力。

赵匡胤的温柔，不仅是黑暗时代的亮色，也给宋朝留下一抹人性的光辉。或许，宋朝的风度也由此而来。

▲宋太祖赵匡胤像

明：天子守国门的经济规律

一

说起明朝，常有句话："天子守国门。"这话没错，但是除了宋朝以外，历代王朝几乎都是天子守国门。所以，这句话其实怎么说都没错。

这个故事，我们从头说起。自从"商鞅变法"之后，关中经济实力迅速提升，曾经戎狄杂居的牧场，被改造成沃野千里的天府之国。

秦汉时期帝国的首都，其实是经济中心、政治中心、军事中心、地缘[1]板块的集大成者。朝廷只要定都咸阳或长安，就可以凭借发达的经济，以及优质的地理环境来制衡天下，不怕任何来自关东的挑战，除非堡垒从内部被攻破。

[1] 由地理位置上的联系而形成的关系。

但是"守国门"的意思是防备外患，秦、汉的外患在哪里呢？西方和北方。匈奴经常从北地郡、上郡侵略汉朝，汉军也经常从上郡出塞，这两个郡就在如今的陕北。

彼时的陕北是水草丰美的草原，具有十分重要的经济地位，不论匈奴还是秦、汉帝国，谁得到它就能养活庞大的骑兵。所以，秦始皇在统一天下后，修建了咸阳直达河套的驰道，保障快速运送兵员和物资到达前线。蒙恬可以“逐匈奴七百里”，这条重要的后勤保障线路功不可没。

匈奴强大以后，势力一度延伸至河西走廊[1]，原本自由自在的部落，被纳入匈奴管辖。西方也不安全了。

定都长安的汉朝，是不是天子守国门呢？

后来霍去病[2]向西出击，占领河西走廊，卫青[3]也屡次向北出塞，他和匈奴争夺的高阙、河南[4]都在长安正北方向。从这里就可以看出来，秦、汉帝国的经济、政治、军事中心都在关中，逐水草而居的匈奴王庭也在河套以北。从长安到王庭，可以画一条垂直线。

也就是说，当时的经济中心靠近西边。游牧民族纷纷在经济中心建都，或者说只有处于经济中心的势力，才能获得建都的机会。这也可以解释一个问题，为什么李广总是二线部队，他经常坐镇北平[5]和渔阳[6]，明显不重要嘛。

这是不以英雄意志为转移的经济规律。白山黑水[7]间的东胡[8]不行了，关东六国也被干趴下了，就连百战百胜的西楚霸王项羽也扛不住刘邦恐怖的后勤投送。这种看似偶然的巧合，其实大有脉络可循。

[1] 甘肃西北部祁连山以北、合黎山和龙首山以南、乌鞘（shāo）岭以西的狭长地带，因在黄河之西，形似长廊而得名，是中原通往新疆及中亚、西亚的交通要道。

[2]（前140—前117），西汉名将。卫皇后外甥。官至骠骑将军，封“冠军侯”。曾奉命出兵控制河西走廊，打通中原与西域的联系。

[3]（？—前106），西汉名将，卫皇后弟。官至大司马大将军，前后七次出击，解除了匈奴对汉王朝的威胁。

[4] 皆在今河套一带。

[5] 西汉时治所在今河北满城北。

[6] 秦、汉治所在今北京市密云县西南。

[7] 长白山和黑龙江。泛指我国东北地区。

[8] 古族名。因居匈奴（胡）以东而得名。后为匈奴冒顿单于击败，分裂为乌桓、鲜卑两支。

二

草原民族没有农业和手工业，唯一的资产是牛羊，比农业还靠天吃饭。哪里的河流多，哪里的草茂盛，各个部落就向哪里汇聚。为了争夺水草，战争不可避免。水草的变迁，又决定了游牧部落的实力消长。经过千年的与天斗、与地斗、与人斗之后，草原终于角逐出了最强大的胜利者：匈奴。

匈奴发迹于何处，已无迹可考，但匈奴祭祀的地方在鄂尔多斯，说明王庭也不会太远。虽然王庭的游牧经济发达，但自然资源极度匮乏。套马大哥每天吃着烤全羊，就算没有孜（zī）然，也得撒点盐吧。不好意思，草原不带这项技能。

他们不会炼铁，导致烤羊的叉子、捕猎打仗的箭头都没有，于是他们只好把野兽骨磨锋利点，凑合着用吧。

一旦汉朝搞贸易战，匈奴就得喝西北风。

匈奴单于想改善牧民的生活，于是号召大家去抢劫——向南，越过长城，抢钱、抢粮、抢铁、抢盐。陕北是草原，实在没什么可以抢的，所以抢劫的地点集中在山西，比如雁门关[1]、大同等地。至于河北，只是捎带，不算重点照顾对象。

可汉武帝认真以后，把匈奴抢劫的路给断了。怎么办呢？匈奴不能抢劫，还可以跟汉朝做生意。于是，匈奴用牛、羊、马、皮做资本，和汉朝交换盐、铁等物资。

[1] 长城重要关隘之一。在山西代县西北雁门山。

总体来说，这条贸易线路是顺畅的。除了交战时期会暂时关闭以外，平时都是官方贸易和民间走私同步进行。

既然是做生意，总要有交易地点吧。陕北是草原，城镇不多，不适合商人存放货物和摆摊。河北又太远。于是，最佳贸易路线就设在了山西。汉朝商人带着货物汇聚到太原，然后继续向北参与贸易。汉朝和匈奴双方各取所取，维持了很多年的和平。

那时的山西是农牧交流的通道，数不清的财富沿着汾（fén）河流过，成就了太原千年的辉煌。这点和新加坡、中国香港很像。只要有海量资金经过，就能吸引各方人才到山西定居。而人才和资金的结合，又能带动本地的全方位发展。

史书中山西名人很多，但处于第一梯队的几乎都来自第一个千年。宋朝以后，再也没有响当当的山西人。比如汉朝的卫青和霍去病，三国的张辽[1]，唐朝的王勃[2]、王维[3]、薛仁贵[4]、狄仁杰[5]……宋朝以后还有谁？

这些人杰的出现，其实是贸易路线的产物。钱在哪儿，事就在哪儿，人才也容易在哪儿扎堆。繁荣的贸易成就实力强大的地区，所以北魏建都大同，高欢[6]在太原成立霸府，李渊和李世民也在太原起家。与其说是英雄成就地域，不如说是地域经济造就英雄。

当李世民荡平突厥后，这条贸易路线在唐朝变得更加繁荣，南北方的物资在太原交换，西域的

[1]（169—222），三国魏名将。武力过人，有“张辽止啼”之称。

[2]（649或650—676），唐文学家。“初唐四杰”之一。

[3]（701？—761），唐诗人、画家。以山水诗著称。

[4]（614—683），唐名将。善骑射。

[5]（630—700），武周名臣，深受武则天倚重。

[6]（496—547），东魏权臣，北齐奠基者。北魏时擅权专政，导致孝武帝西奔长安，于是另立新帝，从此北魏分裂为东、西魏。

葡萄酒在山西扎根。太原也和长安、洛阳一起，进入大唐的核心城市群，几乎所有的故事都发生在这里。

正因如此，只有两三万人的沙陀部落在占据山西后，足以横行黄河南北几十年。五代十国中的四个王朝，都是沙陀势力建立的。从根本上来说，赵匡胤是沙陀势力出身，但赵光义亲手终结了太原的辉煌[1]。而在此之前，长安已经失去了首都的地位。

[1] 北宋初太原为北汉都城，宋太宗赵光义攻陷太原后下令毁城。

风流总被雨打风吹去。

三

恐怕再也没有比长安更辉煌的城市了。主要是关中的地缘板块太优秀了。北方是茂盛的草原，南方是四川粮仓，西方又是陇（lǒng）西[2]大山，秦、汉帝国只要坚守函谷关[3]、潼关[4]，就可以成就万世基业。

当张骞[5]开辟丝绸之路后，长安则是中原和西域贸易的中转站，铜钱唱着歌、跳着舞就跑到了皇帝的兜里。汉唐时期的长安不仅是最优秀的地缘板块，也是连接四面八方的枢纽。如果在地图上画一个十字的话，你会发现长安处于最中间。这是汉、唐帝国的天赐王座。

而渭河灌溉的关中平原，又是王座的天然基石。那些朴实的农民是最强战士；拥有万亩良田的

[2] 即陇山（在今陕西陇县一带）之西。

[3] 古关名。战国时，秦在今河南灵宝县境内置关，为关中东大门。西汉武帝时东移至今河南新安县。

[4] 古关名。东汉末在今陕西省潼关县境内设置，此后取代了函谷关的军事地位，成为新的关中东大门。

[5] （？—前114），西汉外交家。曾两次出使西域，加强了中原和西域的联系，被司马迁誉为“凿空”。

豪强，则是累世勋贵的军功地主。经济和军事，一起撑起了汉、唐帝国的统治。

但是话说回来，成也地缘，败也地缘。随着定都长安的时间越长，关中越来越难以承载巨大的压力。无数良田被贵族改造成宅基地，水利设施也荒废日久。西汉时还没什么，到唐朝就出事了。曾经能灌溉秦汉帝国四万四千五百顷田的水利系统[1]，到唐朝安史之乱后，只能灌溉六千顷。富裕的关中已经不能养活大唐的长安。

陕北草原也逐渐退化成黄土高坡，不仅没有畜牧产品供应，而且不足以驯养骑兵的战马。到了安史之乱以后，繁荣的河西走廊被吐蕃霸占，长安又失去了坐地收租的资格。从此以后，长安的经济来源只有东、南两个方向。可事实证明，东面的路也被堵死了。

说到这件事，就不得不说说隋炀（yáng）帝杨广。隋炀帝为了促进内需，大力修建了京杭大运河[2]。这条运河北起涿郡[3]，南抵余杭[4]，中间还能连通洛阳，基本把河北、江南、中原都连接了起来。所以，隋炀帝刚刚登基就迁都洛阳，目的就是要占据交通枢纽，能够快速消化河北和江南的资源。

后来李渊为了获取关陇门阀[5]的信任，一定要表现得拨乱反正，于是重新定都长安，实行关中本位政策。难道就不能把运河修到长安吗？说实话，还真不行。长安和洛阳之间是崇山峻岭，根本没法挖河道，而且其中的一段必经之路全是石头。虽然

[1] 此处指郑渠、白渠。

[2] 中国古代水利工程。跨北京、天津两市及河北、山东、江苏、浙江四省，沟通长江、黄河、淮河、海河和钱塘江五大水系，历来是各朝的漕运要道，对南北经济和文化交流曾起重大作用。

[3] 今北京西南。

[4] 今浙江杭州。

[5] 关陇，关中和甘肃东部一带。门阀，门第阀阅，代指世代显贵、有功勋的世家。关陇门阀代表西魏、北周以至隋唐鲜卑、汉族地主利益的政治集团，因其绝大多数出自关陇地区，故名。该集团实力雄厚，北周、隋、唐三朝皇族及大批文臣武将、开国元勋出自这个集团。

仅仅几公里，但直到唐玄宗时代都没能凿通。

当长安的物资不足时，唐朝皇帝只能巡幸洛阳，到物资丰富的地方“就食[1]”。李世民、李治[2]、武则天、李隆基都做过这件事。“安史之乱”后，河北的资源彻底断绝了，洛阳又离“敌占区”太近，大唐朝廷只能仰仗江南运来的粮食吃饭。有一次，江南运粮船晚点，唐德宗差点被饿死。由于战乱和河道改迁，从江南运来的粮食和物资只能汇聚在开封，然后再到洛阳，最后才能运送到长安。

仅仅依靠四川，不足以支撑长安复兴。于是，一座新兴的开封城，出现在世人面前。

既然开封成为交通枢纽和经济中心，就足以解释历史上的很多事情：朱温占据开封，就能做实力最强大的节度使，并且把唐朝皇帝拉下马；除了以复兴唐朝为己任的后唐，其他四个王朝都定都开封，为的就是在经济中心重建军政中心；继承后周的宋朝，也定都开封，甚至当赵匡胤想迁都洛阳时，却被满朝文武批评得无话可说，只好闭嘴。

也就是说，经济中心向东移动了，西边不再是财富汇聚的经济中心，长安也永远失去成为都城的条件，只能做地域性质的省会。因此，依附于长安的太原贸易线，就不可避免地没落了。只有洛阳离开封近，才能延续繁华。

所以我们会看到，北宋的很多宰相、将军都来自河南，虽然不是全部，但是比例相当大，北宋末年还有岳飞[3]出头。还是那句话：钱在哪儿，事就在哪儿，人才也容易在哪儿扎堆。

[1] 前往用餐，指到有粮食吃的地方去。

[2]（628—683），即唐高宗。太宗第九子。在位时唐朝版图最大，社会稳定，史称永徽之治。

[3]（1103—1142），南宋初抗金名将。所率“岳家军”军纪严明，英勇善战，屡战有功，一度收复失地。但关键时刻被宋高宗、秦桧以十二道金牌召回下狱，不久以“莫须有”之名被杀。后被平反，追谥“武穆”，追封“鄂王”。

四

伴随中原经济中心东移，草原的经济中心也向东移动。还记得匈奴王庭在哪里吗？河套和阴山[1]附近。而比北宋早几十年崛起的契丹，则处于内蒙古东部，离辽东和北平郡都不是太遥远，画一条不太垂直的线，正好可以连接开封。

游牧经济中心的东移，再加上燕云十六州[2]的农业区，两大经济区的结合让契丹如虎添翼。他们经常南下欺负北宋。北宋直说："我太难了。"

北宋没法用天子守国门，所以不得不在河北和陕西地带屯驻重兵，以防御契丹和西夏[3]。海量的军费和资源流向不同的方向，让本来就不再富裕的朝廷更是雪上加霜，财政永远是无底洞一般地投入。糟糕的财政，最终拖垮了富裕的北宋。

其实，苗头在唐朝已经出现了。武则天经常和契丹开战，唐玄宗时代更是疯狂地在西北、东北打仗，最终发展出河西、范阳两大军事集团。安禄山出自东北，哥舒翰、李嗣业、高仙芝[4]出自西北。后来，安禄山造反，负责平叛的主力就是西北军队。历史兜兜转转，又在北宋回到了原点。

宋朝没有建立新的秩序，却延续了旧王朝的包袱，并且孕育出了下一个时代的内核。

北宋亡于靖康之变[5]。虽然契丹的实力强大，但是他们被更东边、更野蛮的女真[6]所灭。女真又沿着河北平原南下，一路攻入开封。这个时间点也

[1] 山脉名。在内蒙古自治区中南部及河北省北部。

[2] 五代晋石敬瑭割让给契丹十六州的总称。燕指契丹所建的燕京（即幽州，治今北京西南），云指云州。地跨北京、天津、河北、山西四省市，是中原与北方游牧民族、东北渔猎民族的交界地带，历来为兵家必争之地。

[3] 朝代名。党项拓跋氏所建。本名"大夏"，因在宋的西北，历史上称为"西夏"。

[4] 皆是唐中期名将。

[5] 金灭北宋的历史事件。宋靖康元年冬（1126年），金军攻破汴京。次年四月，金军俘徽宗、钦宗二帝和宗室、后妃及技艺工匠等数千人，并大量财物北归。北宋灭亡。

[6] 古族名。也称"女直"。分布在松花江、黑龙江下游地区。十二世纪初完颜阿骨打统一女真各部，建立金政权，1635年改满洲族名。后称满族。

很巧合。先是定都于东蒙的契丹，后是定都于开封的北宋，相隔仅仅几年，都被白山黑水之间的女真一锅端。女真先是继承了契丹的胡汉政策，后期又继承了北宋的制度建设，还没消化完，就和南宋一起被生猛的蒙古一锅乱炖了。

既然是经济中心东移，那么以长安为中心的农业经济结束后，即将开启的就是东部沿海经济。北宋和契丹不东不西，明显是个过渡。元朝定都北京以后，中国的经济、军政、地缘格局基本定型。

北京这座城市，曾经是燕国都城，已经存在两千多年了。但北京从来都是地域型城市，在元朝以前的历史舞台上存在感不强，自从元朝定都以后，瞬间变得高大上起来。

从地缘来看，北京是东北、蒙古、华北、海洋的交汇点，定都北京可以有利控制海陆的万里江山。而且江南成为新的经济中心后，资源可以通过重修的京杭大运河直通帝国的首都。这样一来，定都北京的朝廷拥有东北、蒙古、华北、江南的资源，收钱方便，花钱也方便。

但是元朝的统治术太差了，不到百年就被朱元璋赶回了老家。新崛起的明朝也不能改变经济规律，即便是朱元璋也得照章办事。朱元璋的朝廷定都南京，获得江南财富的养分，但北方的地缘板块和对外防御不能放弃啊。除了遍布各地的卫所[1]屯军，朱元璋又把儿子们分封出去。朱家军和子弟兵一起上，双保险。沿着长城，朱元璋分封了辽王、宁王、燕王、代王、晋王、秦王，向南的中原有齐

[1] 明代常备军军事编制。明初在京师和各要害地方皆设卫所，数府设一卫，下设千户所、百户所。

王、周王、鲁王，再往南则是湘王、楚王等。

这些藩王不仅有地位，还有兵马。一旦发生战争，藩王可以调动亲兵出征，也可以做各地军队的统帅，保卫大明江山。里三层、外三层的藩王防御线，是朱元璋留给孙子的遗产，也是经济中心的都城应对地缘板块的对策。

这套制度好吗？好，但只有朱元璋能玩得转，反正都是亲生儿子，自己又是创立江山的开国皇帝，谁敢跟他找麻烦呢？

传到明惠帝朱允炆（wén）[1]手中就玩不起来了。外地藩王都是手握重兵的叔叔，年轻小伙子心虚啊，于是开始削藩。一不留神，燕王朱棣就起兵了，这就有了靖难之役[2]。

这场战争有很多悬念和巧合，没有太多的理所当然。问题在于，朱棣胜利之后，依然要面对藩王和蒙古的威胁。既然朱老四能起兵造反，那么别的藩王也有这样的机会。所以对朱棣来说，藩王制度不能留了。他用了二十年的时间，把自己曾经反对的事情又做了一遍。

蒙古的威胁依然存在，如何保卫大明江山的安稳呢？藩王不能分封了，卫所大将又有变成安禄山的风险，朱棣只好迁都北京，自己的事情自己做。这，就是天子守国门。

所谓的南京没有王气，根本原因在于经济中心和地缘板块的割裂。想要经济中心，必然要放弃地缘板块；而拥有地缘板块，则可以把经济中心收入囊中。秦汉不存在的问题，明清以后是大问题。

[1]（1377—1402），明太祖之孙。朱元璋死后即位。

[2]靖难，平定变乱。靖难之役是明燕王朱棣以“靖难”为名而发动的夺位战争。历时四年，兵破京师（今江苏南京），朱棣即位，是为明成祖。

五

天子守国门是很划算的买卖，除了直接管理、方便分配资源、不容易出安禄山之外，更重要的是可以利用首都的地位，汇聚全国资源用于外战。

国家什么地方最尊贵？当然是首都。全国的资源必然会汇聚首都，如果首都不在地缘板块的交汇点，来回运送、分配的成本实在太大。建都北京的明朝，可以及时给九边重镇[1]援助，节省来回运送的成本。而且外敌来袭时，可以利用首都的地位凝聚人心，更容易保住重要的城市，毕竟没人希望首都陷落。

如果明朝一直定都南京，会发生什么？北京恐怕会成为蒙古的后花园，还有山西、河北也将成为抢劫的最佳地点，就算围城也不会有大军援救。勤王[2]？嘿嘿，王在南京呢。

根据经济中心东移的规律，王朝选择北京做首都几乎是势在必行的事情。新的经济中心有新的贸易线。长安、洛阳、太原是汉、唐帝国的铁三角，经过宋朝的开封、泉州[3]过渡之后，明、清帝国形成了更大的铁三角。

北京作为军政中心，当然是最重要的地方。扬州和苏杭逐渐形成长三角经济区，曾经的贸易城市广州也一步步做大做强。虽然个别城市有所变化，但基本上是北上广的格局。这些城市都在沿海，根据我之前的说法，钱在沿海，很多事情也必然发生

[1] 明朝北方九个军事重镇。明为防御北方游牧民族，在东起鸭绿江、西到嘉峪关之间陆续设置了九个军镇，派兵戍守。

[2] 多指君主统治受到威胁而动摇时，臣子起兵救援王朝。

[3] 位于东南沿海一带。宋元时期全国最繁盛的海外贸易中心，辖有今晋江流域、澎湖群岛及厦门、金门等市县。北宋在此设市舶司，管理海贸事宜。

在沿海。

明朝的倭寇[1]发生在江浙，郑芝龙[2]的霸业在福建和日本，葡萄牙人到了澳门，太平天国[3]起自两广……明朝后期的法定货币是白银，而白银也自大海而来。

当然，沿海的不止东南，还有东北。

中原的经济中心转移到江南，草原的经济中心也转移到东北，此时的蒙古已经落伍了。满洲[4]是渔猎民族，但水草丰美的地方总是有更多资源，比如人参、貂皮、狍子等，蒙古压根儿没有，可这些东西是稀缺品，这也是满洲超越蒙古的重要经济原因。

满洲用东北特产和朝鲜、晋商开展贸易，赚了很大一笔钱。他们用这些钱来武装军队，然后和蒙古、明朝打仗。晋商有钱很好理解，他们的钱来自贩盐和贸易。那么朝鲜的钱从哪里来的呢？其实是从海上来的。西班牙发现特大银矿[5]，其中很大一部分流入了明朝，还有一部分流入了朝鲜。

当时的世界已经形成了巨大的贸易线，满洲也不可避免地参与了进去。他们用贸易赚到的钱抢劫中原，越抢越开心，越开心越抢，最后抢到了整个中国。东北就不用说了，人家就是从那里来的；蒙古也全部归顺，并且尊满洲可汗[6]为蒙古可汗；还有，1644年清军入关后迅速吞并华北。

三大板块被满洲牢牢地握在手里，分散的汉人怎么斗啊？从事后诸葛亮的角度来看，经济中心东移的最终目的并不是由关中到江南这么简单，而是

[1] 十四至十六世纪劫掠中国沿海的日本海商与海盗集团。十六世纪中叶时最为猖獗（jué）。后经名将谭纶、戚继光、俞大猷（yóu）等征战多年，到十六世纪六十年代中，才逐渐平息。

[2]（1604—1661），郑成功之父。初在海上起兵，受明朝招抚，后降清廷反被杀。

[3] 清末洪秀全、杨秀清等领导的农民起义军建立的国家。定都南京，严重动摇了清朝统治，打击了外国侵略者，对中国近代历史产生了深远影响。

[4] 清朝满族自称。辛亥革命后改称满族。

[5] 即南美波托西大银矿，是中世纪南美最大的银矿。

[6] 古代柔然、突厥、回纥、蒙古等君主的称号。开始出现于五世纪初，宋元以后简称汗。

脱离大陆转移到海洋。但是明、清两朝违背了经济规律，止步于海岸线。既然没有深度参与世界贸易线，那么衰落则是必然的。只不过曾经衰落的是山西和关中，如今衰落的是整个中国。

那些深度参与世界贸易的国家，后来都成了强国。所以，天子再也守不住国门了！

六

经济中心东移的原因是气候和环境。秦、汉的关中非常适合农业耕作，周围的地理环境也特别好，就连河西走廊也很宜居，可以农耕，可以放牧，简直是开局的好地方。

唐朝的环境也很好。长安周围有很多湖泊和鱼塘，和现在的江南没什么分别。别看现在的山西自然环境不太好，可汉唐时期的太原，南边有一个湖，和如今的太湖差不多大。

我们从流传下来的壁画、侍女图中可以看出，唐人的衣服雍容大方，根本不是严严实实的。除了风气开放，主要是温度高啊。也正是从唐朝开始，中国的环境和气候开始逐渐恶化。山西和关中的湖泊消失了，甘肃和陕北的草原逐渐沙化，气温越来越冷。在农业时代，这是很要命的。

田里不长庄稼，人吃什么呢？所以大家不得不向东南转移，寻求更适合生存的地方。这种气候变化也影响着草原。看看现在遍地沙漠的西内蒙古，怎么都不像草原的经济中心，所以东方的游牧民族势必崛起。

气温在1644年达到历史最低点，也正是在那年，北京城鼠疫盛行，李自成[1]兵不血刃地进入北京，一个多月后，江山再次易主。

[1]（1606—1645），明末农民起义领袖。被推为“闯王”，建大顺政权。不久后攻占北京，推翻明朝。不久在山海关战役中遭吴三桂和清军夹击，大败，退出北京。

那么顺着思路捋下去，既然西边不适宜生存，那就向东迁徙。大力开发东部沿海的土地后，可不就是面临大海吗？

那些王侯将相的传奇，无不屈服于历史和经济的规律，而历史和经济规律又受制于环境的变幻莫测。

说什么人定胜天，鸡汤而已。

第二章　乱世之下

秦统一之前：中国侠客消亡史

一

中国的侠客，似乎只能在金庸的小说中看到，但很久以前，侠客是真正存在的。他们没有降龙十八掌，也不懂独孤九剑，甚至有的人武功也不太出众，但他们依然是侠客。

所谓侠客，不是在街头斗殴逞匹夫之勇，而是秉承一种自由的精神和道义。侠客们以此作为人生的准则，做自己认为对的事。

公元前453年，晋国四卿之一的智氏被赵、魏、韩三氏族联手所灭，土地和人口被三家瓜分。一时间，所有人都在向新主宣誓效忠，晋国也落得名存实亡。

然而，只有豫让[1]为智伯报仇。他改名换姓后，在宫中的厕所服役，随身携带匕首，随时准备刺杀赵襄子[2]。尽管后来他失手被抓，也坦诚直言："我就是要杀你。"赵襄子不忍心杀义士，便将他当场释放。

后来，豫让吞炭成为哑巴，浑身刷漆，变得爹娘都认不出，然后他藏在赵襄子出门的必经之路

[1]（？—前425），春秋战国之际晋国人。智伯瑶家臣。

[2]即赵毋恤，春秋战国之际晋国赵氏宗主，谥襄子。

上，准备一击杀之。

结果赵襄子经过时马受惊了，赵襄子说："肯定是豫让在这里，快搜。"果然不出所料，豫让又被抓了。

接二连三地被人刺杀，赵襄子决定杀掉豫让。豫让知道此次必死，便提出了最后的请求："明主不掩人之美，忠臣有死名之义，我认命了。但是在死之前，请你脱下衣服，让我刺击，就当已经为智伯报仇。"

于是赵襄子脱下衣服，交给豫让。豫让拔剑狠狠一击，以示给智伯报仇，然后横剑自刎。他虽是赵国的公敌，但这并不妨碍他获得赵国人民的尊重。

在现在的人看来，豫让不是傻吗？他为什么想不开要去刺杀赵襄子呢？豫让说："士为知己者死，女为悦己者容。智伯对我有知遇之恩，如果不能为他报仇的话，我愧对自己的良心。"

这便是一种精神。君以知己待我，我也以知己回报；君以草寇待我，我则以仇寇回报。当时的侠客都以这种精神为信念，不在乎荣辱，也不在乎财富、地位，只做自己认为对的事。他们的精神和道义都是自由的。

二

草莽之侠以道义为重，一旦许诺则死不回头。

荆轲[1]居无定所，先后游历卫国、太原、邯郸等地，最后来到燕国，和精通音律的高渐离[2]成为朋友。他们经常在路边小店喝酒。喝多了以后，高渐离击筑[3]，荆轲则放声高歌，引得周围的人阵阵喝彩。

后来，燕太子丹[4]想做件大事。

太子丹在赵国做过质子[5]，秦王嬴政也在赵国生活多年，大抵俩人还做过邻居，但关系极其不好。

如今嬴政已贵为秦王，秦国又如日中天，无论私仇还是国恨，太子丹都必须行动起来。

既然国力不如人，那就只好派人行刺。

他找到名士田光商量，让田光推荐人选。正好田光和荆轲的关系比较好，他就向太子丹说："荆轲可以。"于是，极其惨烈而又感人的一幕发生了。太子丹的行刺计划十分隐秘，知道的人越少越好。荆轲同意后，田光拔剑自刎而死。

荆轲入秦需要投名状，恰好秦国将军樊於（wū）期（jī）[6]流亡燕国，荆轲对他说："太子丹对你好，你又和秦国有仇，不如把人头借给我，我帮你报仇，你也能报答太子。"樊於期听完，也自刎而死。

樊於期的人头、燕国的地图，再加上少年武士秦舞阳，这就是太子丹和荆轲为秦国准备的三件礼物。

那天，寒风呼啸，易水[7]冷冽。荆轲带着三件礼物一路西行，根本没有活着回去的打算。他要报

[1]（？—前227），卫国人。战国末刺客。

[2]战国末燕国人。擅击筑，荆轲刺秦时于易水击筑送行。秦始皇闻其善击筑，命人熏瞎其目，使击筑。他在筑内暗藏铅块，扑击始皇不中，被杀。

[3]中国古代的一种击弦乐器，形似筝，有十三根弦，弦下有柱。

[4]（？—前226），名丹，战国末燕王喜太子。曾派荆轲刺秦，不成，后秦攻燕，其父喜斩其首献秦。

[5]即人质。古代派往敌方或他国去的人质，多为王子或世子等出身贵族的人。

[6]（？—前227），战国末人。因得罪秦王被通缉。

[7]水名。在河北省西部。源出易县，入南拒马河。

答太子丹的知遇之恩，更要为燕国谋出路。此时，草莽和庙堂已不分彼此。

荆轲在秦宫一击不中之后，便追着秦王绕柱子跑，直到秦王拔出长剑才扭转战局。

荆轲被刺了八剑，秦王却毫发无伤。

知道刺杀任务已经不可能完成了，荆轲坐在地上大骂："我这次之所以没有成功，是因为我想生擒你……"

其实哪有什么无敌的刺客，只有无敌的信念罢了。我认同嬴政统一天下的雄心，也尊重荆轲为家国赴死的勇气。被人赏识就以死报之，国家危亡就捐躯报效，这便是侠客。

豫让如此，荆轲亦如此。

三

为何春秋战国时代的人的精神面貌如此不同？

那时帝王的统治术极其简单粗暴，官府的组织形式也十分松散，各诸侯国并不能对人民进行强制管理，这就造成了基层权力的真空。

那时很多地方几乎是草莽之地，稍微强有力者，就能打破官府脆弱的管理。想去哪国随时都可以走。一怒之下杀了人，也有很多可以躲藏的地方。侠客以天地为家，活得自由自在。

只有自由的生活，才能养育侠义精神。侠客们可以追求财富，但有不在乎财富的资格；可以阿谀

（yú）权贵，但也有蔑视权贵的实力。

侠客可以自力更生，不必仰仗权贵的赏赐。他们能拍着胸脯说："不管什么富豪和权贵，我就是看不起你，如何？"这一点很重要。一旦受制于人，精神也会变得畏缩，不再有藐视一切的勇气，只会为五斗米折腰[1]。

侠客的腰杆子硬，所以在基层权力真空的年代，诞生了许多脍炙人口的传奇故事，因为那时有盛产传奇的土壤。

自由宽松的环境，造就了自由的身体，自由的身体才能储存自由舒展的灵魂。环境是水，侠客是鱼，他们可以在列国间游走，做自己认为对的事，而不必为生计奔波。

四

即使基层权力真空，也需要另一种秩序。

社会不可能长期以无秩序的状态存在。既然官府不能有效地管理，那么，民间就会逐渐填补真空。这是自然的法则，无所谓野心和对错。

春秋战国时代，诸侯流行养门客[2]。为了彰显宽广的胸怀，也为了吸引更多人加入，他们往往来者不拒。

齐国孟尝君[3]号称有门客三千。无论出身贵贱，孟尝君都会亲自与其交谈，问对方家里有哪些人，亲戚住在什么地方，而屏风后面则专门有人做

[1] 五斗米，指微薄的官俸。折腰，弯腰行礼，屈身于人。为五斗米折腰指为了微薄的俸禄而弯腰行礼。比喻没有骨气。

[2] 官僚贵族家中豢（huàn）养的帮闲或帮忙的人。

[3] 即田文，号孟尝君。战国时齐国贵族。与赵平原君、楚春申君、魏信陵君合称"战国四公子"。

详细记录。随后，门客的家人就会收到“豪华大礼包”。

换位思考一下，如果你遇到了这么好的老板，是不是会感动得热泪盈眶，然后他交付的工作都会拼命去做?

慢慢地，孟尝君的实力越来越强。他的门客中有齐国罪犯，也有其他诸侯的宾客。彼时的孟尝君，跺跺脚都能让君王颤三颤。从某种程度上讲，齐国基层的势力已经由他填补。

孟尝君的门客在齐国各地都能横行无阻，不论官府还是“地头蛇”，都得给他让路。

有一年，孟尝君路过赵国，平原君想请他吃饭。赵国人听说偶像来了，纷纷出门围观。当看到孟尝君之后，大家都笑了：“原本以为是魁梧的精壮猛男，谁知道竟是个五短三粗的矮个子，笑死人了！”孟尝君怒了，竟然敢揭短！随行的门客提刀而下，砍杀数百人。

这样的行为，现代人也许根本无法理解，但在孟尝君的眼中，自己是齐国的“无冕[1]君主”，操控着基层秩序的运转，加之又是王室公子，权力覆盖庙堂与草莽，行事何须看人眼色。

自由环境的背后，是血腥野蛮的杀戮，这是弱肉强食的“原始森林地带”，没有生存的秩序，也没有死亡的规则，能倚仗的，只有实力和运气。

刘邦年轻时想拜入信陵君[2]门下，结果没能如愿，后来登基称帝建立汉王朝后，还让五户人家给信陵君守墓，每年按时祭祀。

[1] 冕，帝王、诸侯、卿大夫戴的礼帽，后专指皇冠。无冕指虽然没有权威的名义而有权威的作用和影响的人。

[2] 即魏无忌（？—前243），号信陵君。战国时魏国贵族。门下有食客三千，门下有食客三千，曾用计窃符救赵。

他本是游侠出身，不可避免地也让汉朝沾染了游侠气质。汉初官府的统治力量依然薄弱，而这种现象也造就了汉朝的侠客之风盛行。

和刘邦同时代的，有一个叫朱家的人。不知道此人是姓朱，还是名叫朱家，反正司马迁就是这么写的。此人道德品质极好，家无余财，也不喜欢美食和漂亮衣服，唯一的爱好就是施舍。有人吃不饱饭，他就送点钱去；有人犯事了，他就找地方把人藏起来……他做的事情和孟尝君没什么区别。

但孟尝君有财有权，朱家什么都没有。唯一的解释就是，他掌握了当地的基层权力。大家都信服他，愿意出钱、出力帮他办事。

朱家以当地的势力为基础，向中原扩张影响。当影响力扩张到极致后，财富、权力、地位都会滚滚而来。朱家要的是权力和地位，追随者谋的则是利。

大侠客虽然没钱，但从来不愁钱。

自函谷关以东，人人都希望和朱家做朋友。有个叫剧孟的大侠，家无余财，但是母亲去世时有千乘（shèng）[1]车前来送葬。

所以，大侠的自由意志，其实是时代红利。他们在官府的触角达不到的地方，尽情地跑马圈地[2]。那些传奇人物、性情故事、自由精神，都是时代红利的体现。

长安有皇帝，各地有诸侯王，基层有侠客，在统治不发达时期，他们共同组成朝与野的权力结构，而这些，都是历史进程中的产物。

[1] 古以一车四马为一乘。千乘，形容车多。

[2] 比喻抢占市场、势力范围等。

五

在历史的进程中，侠客可以暂时挖官府的墙脚，可官府终究要把触角无限向下延伸，收回那些属于自己的东西。那些侠客都是“风口上的猪”，那些自由的意志、舒展的灵魂，终究只是特定历史时期的产物，不可能无休止地生存下去。就像人总要慢慢长大，不可能永远活在年少轻狂的岁月中。

侠客的终结，从秦国开始。

秦国在商鞅变法后，中央集权[1]统治得到了极大的提升，君臣建立起严密的法律、复杂的组织，然后垄断资源，构建起恢宏的体制。在秦国的体制下，基层社会是格子状的。任何强有力者，都不可能无限制地突破社会壁垒，人们只能在规定的区域活动，一旦碰触红线，就会受到严厉的警告。

[1]与“地方分权”相对。即国家权力集中于中央政府的制度。

秦国人民的出路主要有两条：为吏或者从军。这是两条主流出路，是可以出人头地的，其他如做工、种田等只是支流，天花板很低，且永远不可能做人上人。而为吏或者从军的指向很明确，就是进入体制。

秦国的国家机器垄断了所有资源，留在体制外的资源寥（liáo）寥无几，已经不足以供养庞大的侠客群体。想要实现人生价值，就只有进入体制。

打个比方吧。秦国变法相当于重新修建池塘，并且安装了大功率的柴油发动机，把周围池塘的水全部抽到新池塘中，鱼虾要想生存，就必须改头换面，而新池塘的话语权属于朝廷。这样的社会环境，已经没有多余的空间给侠客驰骋（chěng），他们仰仗的基层权力，也被官府逐步夺走。

没能进入新池塘的侠客，就像奄奄一息的鱼。而没有自由的社会环境，侠客身上自由舒展的灵魂也变得日渐局促，最后不得不向现实低头，成为秦国大厦上的一颗螺丝钉。

既然资源都在官府手中，那么所有人都伸手向官府讨饭，所谓的尊严和傲骨也就逐渐消磨殆尽了。条理分明的秩序，把六百万秦人分配到合适的岗位上，尽职尽责地做着自己的工作，其他的不要妄想。所以秦国没有侠客，也没有文艺。

除了国力较弱的燕、韩，其他四国皆有名闻天下的公子，而秦国没有，国民只认秦王。

那些忠义死节、爱憎分明的传奇故事，基本都发生在关东六国，唯独秦国没有。这不是偶然。

没有自由的环境和舒展的灵魂，自然就没有崇高的精神。那些高尚的情感、文化和艺术，也就没有了诞生的机会。但秦国的体制对于普通人来说，又是极大的保护。

孟尝君随便杀几百人的事情，根本不可能在秦国发生。只要敢拔刀，马上治你“私斗罪”。

“儒以文乱法，侠以武犯禁。[1]”在秦国的体制内，儒和侠都是不被允许的，敢冒头就立刻削平。国家一定要对资源严防死守，丝毫不能外泄。

侠客没有战斗力，体制才有。

[1] 出自《韩非子·五蠹（dù）》，大意为：儒生因儒家礼乐诗书等毁坏法制，侠士因武力触犯禁律。

六

不得不说，嬴政太厉害了，那么多好东西，他全部收到自己囊中，连个招呼都不打，怪不得天下人都要和他拼命呢！

经过楚汉战争的摧残，秦国恢宏的体制轰然崩塌，刘邦在废墟上重建的汉朝，根本没有实力恢复秦国对资源的掌控。汉初江山只是沙滩上的城堡，虽然足够庞大，看似坚固，但也仅此而已。它的地基并不牢靠，因此，不得不和基层势力合作。这又是侠客的风口。

除了上文提到的朱家、剧孟之外，还有无数占地为王的大侠。他们说句话，门人就会不打折扣地执行，杀人犯法也在所不惜。这又是汉初的武林门派作风，他们倚仗武力掌控基层权力，并以此为根本，有些时候甚至能影响天下大势。

汉景帝时吴楚发动“七国之乱”，周亚夫[1]带兵平叛。他从长安出发，一路奔赴洛阳，第一个寻找的就是大侠剧孟。剧孟也热烈欢迎王师，表达了合作的态度。从此以后周亚夫就放心了：“吴楚七国造反，居然没有拉拢剧孟，能成功才见鬼了。”大侠的威力有多么强大，由此可见。

可不久之后，大侠就迎来了命运的转折点，因为王座上的人变成了汉武帝，这是和秦王嬴政一样的“大杀器”。

汉朝最后一个有名的大侠是郭解，此人和前辈

[1]（？—前143），西汉名将。曾屯兵细柳（今陕西咸阳西南），军令严整。

一样，艰苦、朴素、不爱财，但有无数人愿意为其效力。汉武帝要把各地豪强迁到茂陵，名单中就有郭解的名字。他很冤枉："我都没有存款，凭什么让我搬家啊？"于是，他找到卫青帮忙求情。

汉武帝听卫青说完，冷笑道："一个平民百姓居然能让大将军求情，说明此人不穷。"

是啊，一个平民百姓连县令都见不到，怎么能请到大将军卫青呢？

只有一个解释，郭解没钱，但有巨大的影响力，而这种影响力可以演化为权力。对于能和朝廷抗衡的人，汉武帝绝对不会手下留情，马上动用更大的权力让他搬家。

郭解搬家时，有很多人前来送行。他们纷纷赠送路费盘缠，加起来差不多有一千万钱！而且郭解走后，他的门人随手就把县官杀掉了，原因是县官把郭解写入了搬家名单。

大汉不允许这种能人存在，不久后，郭解的家族被全部砍死。从此以后，汉朝再也没有登得上台面的大侠，侠客的黄金年代也彻底终结。

七

汉朝重新构建起恢宏的体制，把人民的生存空间再次压缩，大部分资源都被绑架到帝国的战车上，为南征北战服务。历史又回到原来的轨道。

汉武帝的命运和秦始皇是相似的。他们同样

构建起“垄断”的体制，同样热衷于征服内外的敌人，同样在死后不可避免地出现体制的瓦解。

秦始皇死后天下大乱，汉武帝死后，豪强士族逐渐崛起，他们撕开垄断体制的口子，和大侠一样侵占基层权力。这样一来，战国和汉初的侠客权力，又转移到了豪强、士族的手中。他们的自由精神和道德信义，也纷纷转移到士族成员的身上。归根结底，谁有权力谁自由。

当历史的进程走到此时，已经没有平民百姓什么事情了，豫让、荆轲的壮举也不可复制，世间只有曹植[1]、王羲之[2]的文人风流，而豪强、士族又有积极进入体制的意愿。这又不可避免地带来了另一种现象：体制内也渐渐沾染了自由的精神、高尚的道德信义。

比如曹操。曹操少年时喜欢做侠客，经常快意恩仇，长大后步入仕途，又把这种任性自由的精神带入官场，只做自己认为对的事。

曹操的人生，不就是任性豪放的侠客吗？他以自己的精神气质，撑起了建安风骨[3]的半壁江山。

比如祖逖（tì）[4]。他少年时在家乡任侠使气，“永嘉南渡[5]”时带着家族渡过长江，后来又组建军队，死在北伐的途中。还有桓温[6]、王猛[7]、长孙无忌……他们都有少年做侠客的经历，长大后又积极投身于家国大业。

侠客和士族合为一体，进入体制。我们经常说的“魏晋风度”“盛唐风流”，其实也是历史进程中的产物。体制不再是硬邦邦的机器，反而加入很

[1]（192—232），三国魏诗人。曹操第三子。自幼多才，备受曹操宠爱。其兄曹丕称帝后，深受猜忌，后郁郁而死。

[2]（303—361），东晋书法家。又称“王右军”，有“书圣”之誉，与其子王献之并称“二王”。

[3]指汉魏之际曹氏父子、建安七子等人诗文的明朗刚健风格。“建安”是汉献帝的年号。

[4]（266—321），东晋名将。年少有志，闻鸡起舞。曾率部渡江北伐，但因朝内不和，后援无力导致事败，最终忧愤而死。

[5]西晋永嘉年间，匈奴人刘聪攻破洛阳，中原士民纷纷渡江南逃的历史事件。

[6]（312—373），东晋权臣、北伐名将。曾三次率军北伐。后试图代晋自立，未成就病死。

[7]（325—375），十六国时前秦名臣。曾辅佐前秦苻坚统一北方。

多柔性的人文情怀，朝与野再也不分彼此。

进入宋朝后，中国历史开始出现分野。由于士族门阀被彻底消灭，朝廷的统治术再次提升，官府对资源的掌控也更加自如，留给体制外的资源更加稀少。有识之士，均以进入体制为荣。“学成文武艺，货与帝王家”，这种认知成为社会主流。但是由于自由空间的极度压缩，宋、元、明、清的官员们，再也难以出现春秋战国、魏晋隋唐的侠客风骨。

党锢之祸：所谓民心，只是读书人的心

一

读三国不可不知“党锢之祸[1]”。话说东汉的太监着实厉害，因为东汉的皇帝在继位时都是少年，基本没有处理政务的能力，所以太后就承担起了垂帘听政[2]的义务。而太后的帮手则是外戚[3]，比如父亲、兄弟、子侄之类的，因此他们在皇帝年幼时掌握了朝廷大权。

皇帝长大之后蓦然发现：“原来我只是一个傀（kuǐ）儡（lěi）啊，吃肉、喝汤的都是外戚及其亲信。”

于是皇帝想夺回大权，可他从来没有管理过朝政，而朝中大臣都不一定能信得过，只有太监是皇帝的亲信。于是，皇帝就和太监们一起剿灭了外戚。

事成之后，皇帝一般会给太监们封侯、加官，鉴于太监不能生育，皇帝还会赏赐他们的家人。曾经是太后和外戚治天下，后来是皇帝和太监治天下。东汉的历史，就是一部皇帝和太后的争权史。

不论外戚或是太监，其实都是皇权的延伸，他

[1] 东汉末年时期宦官集团压制、打击政敌的事件。前后两次，分别发生在汉桓帝、汉灵帝时。

[2] 封建时代太后或皇后临朝听政，殿上用帘子遮隔，因称。

[3] 外家的戚属。特指帝王的母族或妻族。

们都是代表皇权在治国理政。不论哪一方掌权，他们都要和文官、士人组合成铁三角。比如太后、外戚、士人，或者皇帝、太监、士人。

可两党斗了一百多年，士人不愿意了。不管你们怎么争斗，我们都是被统治阶级，老虎不发威，你当我是病猫呢？不行，我们也要翻身做主人。

这是东汉末年士人的潜在心理。没有人会正大光明地说出来，甚至连目标也有点模糊，但他们的斗争一旦成功，势必会形成架空皇权的文官政府。

另一方面，太监也确实不像话。159年，汉桓帝联合五个太监一起剿灭了外戚梁冀，牵连致死的公卿大臣有数十人，导致朝堂为之一空。事后五个太监都被封侯，从此以后，汉朝又变成了太监们的天下。

他们的兄弟、侄子纷纷出任太守、县令等高官，朝中也有很多大臣追随，他们还在民间培养了一群刽（guì）子手。

历代皇帝都会把太监放出来，让他们和士人争权夺利，然后自己稳坐高位，做一些制衡、调停的事。但是太监党通常又缺乏基本的素质，在各地做官的太监家属、亲信基本不做好事，他们以敛财为己任，在当地暴虐无常。

比如中常侍[1]侯览。短短几年，他就搜刮了几千万钱，名下还有万亩良田，三百多套房，庄园式别墅十六座。这只是其中一个太监，宫中掌权的太监又有多少？他们的亲戚、朋友、同乡、刽子手又有多少？

[1] 官名。出入宫廷、侍从皇帝、掌管文书、诏命等。

皇帝的打手一不小心就成了国家的敌人，士人再也看不下去了，他们有治国理政的需求，也有为国除恶的理想，一场士人和太监的战争即将打响。而皇帝往往是站在太监那边的。

二

首先出场的是李膺（yīng）[1]。让梨的孔融[2]幼时曾路过李膺家门口，想进去串门，可李膺不认识孔融，于是孔融就对门卫说："我和李府君是亲戚。"他的理由很简单，孔子曾经拜老子为师，而孔融是孔子的后代，李膺是老子的后代，所以孔融和李膺是亲戚。

对于这门亲戚，李膺也捏着鼻子认了。不过有一个客人就说："小时了（liǎo）了（liǎo），大未必佳。[3]"孔融反手就怼："您小时候肯定很聪明吧。"

汉桓帝年间，李膺的名气很大，如果有人能让他评价一句"不错哟"，那么此人就会身价倍增，各种录取通知和聘书马上就会飞来，当时的人们称之为"登龙门"。

曹操的谋士荀彧（yù）[4]有八个叔叔，人称"荀氏八龙，慈明无双"，其中的慈明就是荀爽[5]，他曾为李膺驾车，为此忍不住吹嘘了很多年。由此可见，李膺绝对是一个当之无愧的大师。

165年，李膺出任司隶校尉，有治理地方和缉

[1]（110—169），东汉名臣。出自官宦世家。

[2]（153—208），汉末文学家。"建安七子"之一。曾任北海相，时称孔北海。为人恃才负气，后因触怒曹操被杀。

[3]出自《世说新语·言语》，大意为：小时候聪明，长大之后未必有出息。

[4]（163—212），三国时曹操谋士。曾建议曹操挟天子以令诸侯。后任尚书令，参与军国大事，举荐人才等，贡献很大。

[5]（128—190），东汉经学家。

捕盗贼的权力。太监张让的弟弟是野王县县令，他听说李膺来了，马上弃官跑到洛阳，躲在哥哥张让家中。

李膺到任之前就听说野王令是太监党，经常横征暴敛，残害人民。他带领捕快冲到张让家里，搜出野王令之后并把他送进了监狱，没过多久就给杀掉了。

李膺不是第一个向太监党开战的人。几个月来，士人像豌豆射手一样，接连不断地把炮弹射向太监党。

中常侍侯览的哥哥是益州[1]刺史，太尉[2]杨秉弹劾他不尊法纪，应该回洛阳受审，结果侯览的哥哥在半路自杀了，留下三百多车财物。

大太监单超的弟弟是山阳[3]太守，犯罪后被押送监狱，不久就被廷尉[4]冯琨（kūn）拷打致死。中常侍苏康、管霸贪污受贿多年，积累无数财富和家业，大司农刘佑发布一道命令，把这些不义之财全部没收。

当时的东汉，向太监宣战是一种“政治正确”。李膺的做法只是大潮流中的小水珠，可他的影响力太大了，杀掉张让弟弟之后，无疑让天下士人群情激奋。三万太学生甚至喊出“天下楷模李元礼”的口号。这三万太学生是什么人？能在汉朝入读太学[5]，不是地方豪强的孩子，就是门阀贵族的子弟，再不济也是出身于各地的书香门第，从某种程度上讲，太学生可以代表其家族的倾向。李膺和郭泰[6]、贾彪、陈蕃（fán）[7]等士人能得到太学生的支持，如

[1] 西汉武帝所置十三刺史部之一。辖境相当于今四川、重庆、贵州、云南等省市大部，湖北省西北部及甘肃省小部分地区。

[2] 官名。掌管全国军事。

[3] 即山阳郡，两汉时治昌邑（今山东巨野）。

[4] 官名。掌司法刑狱。

[5] 中国古代的大学。西汉武帝时设，东汉大发展。之后历代多设，只是名称、制度有变。

[6] 也作郭太（128—169），与贾彪同为东汉末太学生首领。

[7] （？—168），东汉名臣。与李膺等反对宦官专权，被誉为“不畏强御陈仲举”。

果发展壮大，这股力量足以撼动天下。

汉桓帝再也坐不住了，而士人的炮弹依然不停地射向太监党。宛城[1]的刽子手富商全家二百口被杀，大太监徐璜（huáng）的侄子被杀，小太监赵津被杀，而执行者就是后来玩美人计的王允[2]。

在士人眼中，自己是为国除贼。可在汉桓帝眼中，这是对皇权的挑战。于是汉桓帝颁布圣旨，要求海内同胞逮捕党人，大家一起拱卫皇帝，保卫大汉江山。

“党人”的称号是太监赠送的，说士人“养太学生，结交地方名士，同气连枝诽（fěi）谤（bàng）朝廷”，所以是结党。

李膺被抓后，牵连者有二百多人。这些人不是闻名天下的学者，就是德才兼备的官员，他们都是独立的个体，但连在一起就是撼动天下的大网。

党人可能没有想要建立士族天下，但他们此时的勇气和热血真的很棒。而汉桓帝不可能放弃太监，他明知太监们作恶多端，但依然要重用太监，不然皇权就会成为空中楼阁。

167年，第一次党锢之祸终于结案。李膺很有斗争经验，他在狱中牵连出很多太监子弟，太监们非常恐惧，于是党人被释放回乡，但却被禁锢终生。一辈子不能做官，只能老老实实在家里待着。

第一次正式交锋算是平手，可下一次交手，就要杀得人头滚滚。

[1] 即今河南南阳。

[2]（137—192），东汉名臣。出身州郡大族，初为郡吏，曾捕杀宦官党羽。《三国演义》中，利用貂蝉设美人计，诱使吕布杀董卓。

三

汉桓帝的后宫有五千多名宫女，可一个孩子也没生出来。他比较宠幸的是平民女子田圣，并且想立田圣为皇后，可大臣不允许："皇后宝座是很珍贵的，田圣根本不配，不如立窦妙为皇后。"

汉桓帝没办法，虽然他一点也不喜欢窦妙，但又不能无视大臣的意见，于是最终封了窦妙为皇后，然后又把窦妙的父亲窦武封为城门校尉，而自己依然宠幸田圣。

窦氏是东汉的顶级豪门，自从光武帝[1]中兴以来，窦氏就是开国功臣，此后又一直往宫里送女孩，几百年来出过很多后妃、大臣、将军。如今轮到窦妙和窦武上场了，和窦妙一样，窦武也是边缘人物。在李膺和太监做斗争时，他只是一名普通的郎中。直到女儿做了皇后，他才进入升官的快车道。

窦武先后做过特进[2]、城门校尉、槐里侯……167年，汉桓帝去世后，窦武一跃成为大将军，和女儿窦太后一起执掌朝政。既然做了外戚，就有权力需求，那么掌握大权的太监自然就成了窦武的眼中钉，他想把太监占据的资源夺走，然后组建自己的势力。如此一来，窦武就和士人有了共同的目标。他们打算一举铲除太监，瓜分太监党的资源，有的要名，有的要利，有的要理想，总之，各取所需。而窦武想要拉拢的盟友叫陈蕃。

[1] 即刘秀（前5—后57）。东汉王朝的建立者。汉高祖九世孙。新朝末年起兵反莽，建东汉，定都洛阳。死后谥光武。

[2] 官名。西汉末期始置，授予列侯之中有特殊地位者。

四

此时的陈蕃已经八十岁了，他被太监骂作老不死的。他也荣登语文课本，《滕王阁序》中的“人杰地灵，徐孺[1]下陈蕃之榻”，说的就是他。

李膺被捕入狱时陈蕃是太尉，那时他因为反对汉桓帝逮捕党人而被免职。168年，窦太后又让陈蕃出任太傅，让他和大将军窦武、司徒[2]胡广一起录尚书事[3]。这个三人小组可以全权处理汉朝的政务。他们迎奉十二岁的刘宏为皇帝，也就是后来的汉灵帝。他们又给党人平反，把李膺等人全部接回了朝廷。

局势又回到两年前的对峙状态，可利益和需求是没有变的，窦武和陈蕃都想打败太监，到时君子临朝，大汉的太平盛世就来了。

说干就干，窦武和窦太后说：“太监都不是好东西，咱们赶紧把他们杀了吧，利国、利家、利己，大吉。”窦太后说：“不行，太监掌权是汉家制度，不能废。”窦武又说：“闺女，听爹的，杀了吧。”窦太后说：“不杀。”

如此三番五次，老爸始终不能说服女儿，不仅事情没办成，反倒让太监们都知道了窦武要杀人。看到窦太后指望不上，窦武和陈蕃面面相觑，只好自己动手了。

他们把司隶校尉[4]、河南尹、洛阳令全部换成了自己人，以此来保证后方的稳固。然后他们开始

[1] 即徐稚，字孺子，东汉名士。陈蕃在豫章当太守时从不接待宾客，唯独为徐稚专设一榻，徐稚一走，就把榻收起来。后以此典故比喻对有才德的人以礼相待。

[2] 官名。东汉时与太尉、司空并为三公，分掌宰相职能。

[3] 官名。统领尚书台之最高行政长官。录为“总领”之意，东汉时政令、政务多出尚书台，录尚书事独揽大权，无所不总。

[4] 官名。汉武帝时始置。掌纠察京师百官和京畿七郡，相当于州刺史。东汉权势更重，宫廷内外，无所不纠。

大肆抓人。陈蕃说："抓到人就赶紧杀，莫非还留着过年啊？"窦武说："不急。"

他们不急，可把太监急坏了。那天窦武回家过周末，他留下的一封奏折被太监偷走，太监看完就破口大骂："放纵不法的人自然该杀，可我们有什么罪，竟要被灭族？哼，今天就先让你灭族吧。"

要说太监真的能办事。当天晚上十七个太监就歃（shà）血为盟[1]，发誓要杀窦武。看看人家的行动力，窦武真的是优柔寡断。

中常侍曹节请汉灵帝坐镇中枢，身边带着玉玺和印信，以保证行动的合法性。黄门令[2]王甫劫持窦太后，并且关闭宫门，以增加政变的可控性，然后再派人去窦武家抓人。

这些事只用了一顿饭的工夫，接下来的事情就更简单了。陈蕃发现事情不对头，于是带着八十多名文职干部闯入承明门，想和太监们一决高下。秀才遇上兵，哪里能打得过？当即就被抓进监狱，第二天就被杀掉了。

窦武的侄子是步兵营校尉，他也跑到步兵营，打算利用军队和太监对抗。可毕竟没有合法性。王甫带着虎贲（bēn）、羽林[3]等千余人来到步兵营门，又矫诏让少府周靖、将军张奂带兵讨伐窦武，并且还制定了口号："窦武谋反，先投降有赏。"不一会工夫窦武的军队就跑光了，第二天他的脑袋被挂在洛阳城头，窦氏的亲信、宾客等全部被灭族。

真的结束了吗？真的结束了。士人用尽全力想

[1] 古时结盟的一种仪式。口含牲畜血。也有说法是用手指蘸血涂嘴边，表示信守誓约。

[2] 官名。东汉始设，掌管众宦官。

[3] 皇家护卫。西汉武帝时始设。

要铲除太监，前后谋划了好几年，却在一顿饭的工夫就被太监打得七零八落。

后来有几百党人被杀，家族成员被迁徙到边疆地区，学生、朋友、亲戚一律不允许做官，李膺等人也被下狱拷打致死，这就是第二次党锢之祸。

太监用血腥的屠刀打败士人，皇权也得到稳固，可这是汉朝最后的辉煌。士人的理想得不到施展，地位得不到尊重，党锢之祸以后又失去上升通道，汉朝的顶尖精英被一网打尽。士人曾经炽热的红心逐渐变得冰凉。

东汉士人的风骨极盛，到汉灵帝时代却急剧转折，原因就在于党锢之祸。

五

184年，黄巾起义[1]爆发。有些受党锢之祸牵连的人早已加入黄巾军，当年的屠戮已经让他们失去对汉朝的忠诚。为了挽回士人的心，汉灵帝下令解除党锢。当年的幸存者被召回来做官，但是只要皇权依然需要太监，他们就不会和皇帝一条心。可铲除太监之后呢？士人一定会期盼圣主临朝，大家一起建设大汉江山。而这样的权力格局和西晋又有什么分别？不都是士人和皇帝共天下嘛。

话说回来，如果陈蕃和窦武成功了，又能坚持多久呢？他们道德高尚，忠贞为国，那么二十年后的继任者呢？权力是否会让屠龙的勇士变成恶龙？

[1] 东汉末农民大起义。由太平道首领张角等人领导，起义军以黄巾裹头，主力坚持了九个月，极大动摇了东汉的统治。

这一点没人知道。他们只是留下一个失败的背影和为国除贼的伟大理想，勇士们失败了，也就把所有的美好定格在了那一刻。

❶郡名。治平舆（今河南平舆北）。

汝南[1]袁氏的举动很有意思。袁氏已经三世三公了，但是没有参与党人事件。后来有一个受宠的中常侍袁赦想和袁氏结盟，袁氏同意了。

❷弟子和过去的属吏。

袁氏主外，作为太监的外援，袁赦主内，负责传递消息……这些是我猜的，应该八九不离十。什么叫树大根深，什么叫门生故吏[2]？这就是。

❸（？—20），东汉末年地方割据势力。出身世家大族，曾参与杀宦官、讨董卓，渐成地方割据力量，后在官渡之战中败于曹操。

党锢之祸后，南阳太学生何颙（yóng）改名换姓流亡各地，后来他投入青年才俊袁绍[3]门下，在二十二年后他们攻入皇宫，把太监杀得一干二净。多年的仇恨终于报了。皇权成为孤零零的空中楼阁，东汉也完蛋了，汉献帝变成了一块招牌，被董卓和曹操死死地捏在手里。

这是一个无奈的结局。

三国：贫穷和法治

一

曹操从来没有想到，自己的梦想会彻底破碎。那年他三十六岁。

189年，汉灵帝去世，留下一对孤儿寡母继承大汉的江山，不过他也不担心，因为他给儿子留下了左右护法：太监和外戚。外戚叫何进，是何皇后的哥哥，他身居大将军的高位，理论上手握天下兵马。而太监头目叫蹇（jiǎn）硕，其手上也有一支兵马——西园八校尉。

西园八校尉是汉灵帝组建的皇帝亲军，他一辈子贪财吝啬，为了存钱，不惜把朝廷官职明码标价，二十年来好不容易攒了点钱，结果全部投入到这支军队中了。可汉灵帝依然拧（nìng）不过天意，他尸骨还未凉透，留下的左右护法就开始大肆火并，最终何进被杀，太监也暂时退出历史的舞台。结果西园军和洛阳军都被西北军阀董卓[1]收编。

平心而论，董卓是想好好做事的。曾经在“党锢之祸”中被雪藏的门阀、士族们都被大力提拔、

[1] 东汉末军阀。本为凉州豪强，后应何进之召，率兵入洛阳诛灭宦官。不久废少帝，立献帝，专断朝政。残暴专横，胁迫献帝迁都长安，纵火焚烧洛阳宫室，对社会造成极大破坏。后被王允、吕布所杀。

重用，出身“颍川荀氏”的荀爽从一介平民到宰相高位，只用了九十三天。蔡文姬[1]的老爸蔡邕（yōng）[2]也被封侯。

“我对你们好，你们要好好回报我哦！”士族、门阀很热烈地回报了董卓，但不是用鲜花和掌声，而是用军队和刀剑。仅仅在半年后，“十八路诸侯”就从东、南、西、北出发，汇聚到士族领袖袁绍的大旗下，直扑洛阳而来。他们的理由很简单：董卓不过是边塞武夫，凭什么和我们谈笑风生？

皇权没有护法，还不是个花架子？旧秩序已经被董卓一锤子砸碎，他们正好借保卫皇帝的名义，正大光明地浑水摸鱼。乱了，乱了，彻底乱了。

曹操的梦想是做征西将军，可是，曾经繁华强盛的大汉帝国，如今已成为尸骨遍野的人间地狱，曹操用乐府诗《蒿（hāo）里行》记录下了这一切。曹操用民歌的形式，行批判之实，深刻地揭示了人民的苦难，堪称“汉末实录”的史诗。

关东有义士，兴兵讨群凶。
初期会盟津，乃心在咸阳。
军合力不齐，踌躇而雁行。
势利使人争，嗣还自相戕（qiāng）。
淮南弟称号，刻玺于北方。
铠甲生虮（jǐ）虱，万姓以死亡。
白骨露于野，千里无鸡鸣。
生民百遗一，念之断人肠。[3]

[1] 即蔡琰，字文姬（一作昭姬），汉末女诗人。博学有才辨，通音律。汉末董卓之乱中，被掠入南匈奴十二年，后被曹操用重金赎回。

[2]（132—192），东汉文学家、书法家。董卓当政时，官至左中郎将。擅书法，创“飞白”书。

[3] 大意为：关东的忠义之士起兵讨伐残暴的人。本来期望在孟津会合，同心讨伐长安董卓。结果心力不齐，互相观望谁也不肯先行。权势、财利引起争夺，随后自相残杀起来。袁术（袁绍之弟）在淮南称帝号，袁绍谋立傀儡皇帝在北方刻了皇帝印玺。战士的铠甲上生满了虮虱，百姓也因此死伤无数。累累白骨暴露于荒野，方圆千里没有人烟，听不到鸡鸣。一百个老百姓当中只有一人能活，想到这里不免让人肝肠寸断。

太惨了。曹操的梦想破碎了，一个新的梦想却在他心头升起：“我要改变这一切。”

二

社会秩序的崩溃是从金融崩溃开始的。董卓在洛阳时搞了一次大规模的“货币超发”，他希望通过这种方式来洗劫市场、积累军费和财富。他废除了分量足、样式美的硬通货——五铢（zhū）钱[1]，把所有钱币都熔化重铸，新货币变成分量更轻、纯度更差的小钱。

钱变多了，但老百姓手中的钱却贬值了。劣币驱逐良币是市场做出的直接反应，再具体一点就是物价飞涨、民不聊生。原本一石（dàn）[2]米要五十钱，现在要五十万钱，而老百姓的购买力却并没有增加，太坑了！

物价飞涨也让董卓的财富大幅缩水。董卓很生气：老子本来是要赚钱养兵的，现在看来也没赚到什么钱嘛，反正有的是铜，全部拿来铸币呗。

秦始皇收天下兵器铸成十二座金人、汉武帝的仙人承露台，统统都被董卓熔掉，铸币买粮食吃了。看上去钱更多了，可董卓更穷了。市场上通货膨胀[3]达到了一万倍，有多少钱也经不起这么折腾啊，更重要的是，天下各地都在打仗，田地基本荒芜，天下又遭遇了粮食危机。

❶中国古铜币。因钱重五铢，上有“五铢”二字而得名。始铸于西汉武帝时，唐初废止，是中国历史上数量最多、流通最久的钱币。

❷古代重量单位。

❸此处指由于董卓重铸的小钱的大量涌入，导致市场上物价总水平上涨，货币贬值的经济现象。

乱世开启，所有的金银、珠宝、房产、土地全都失去了意义，只有能果腹的粮食才是硬通货，而货币只有兑换成实物才能实现价值，如果没有实物可以兑换，哪怕铜钱堆积如山，也不过是一堆金属。董卓就这样坐在空中楼阁上，茫然无措。

既然货币是为了购买物资，那为什么不直接生产物资呢？在董卓和其他人都没想明白的时候，曹操已经看到了解决问题的关键——他要实行屯田[1]。

[1] 古代政府利用兵士、农民或商人垦种荒地以获得军饷和税粮的措施。

三

如果真要用两个字形容汉末诸侯，那只能是“贫穷”了。

董卓官居相国，占据了朝廷的重要位置，但是他有钱却没地方花，可谓“穷得只剩下钱了”。袁绍的军队有时需要上山采野枣吃。袁术就更惨了，士兵们饿得发晕，只好挽起裤腿下河摸鱼、抓河蚌，幸亏他们的地盘在南方。于是曹操决定开展“大生产”运动。

既然“千里无鸡鸣”，那就是有很多无主荒地对不对？196年，曹操把许昌附近的荒地全部充公，成立国有农场，让军队和流民耕种。这些土地的产权属于朝廷，农具和耕牛也由朝廷提供，你只要空手来卖力气就好，年底朝廷分六成，耕种者得四成。

乍一看好像农民吃亏了，但在乱世，能吃上一口饭都不容易，更何况现在能吃饱，还可持续生产，士兵和农民都感激涕零了好吗？

当年年底，曹操的账户上就多了百万石粮食，而袁绍、袁术等难兄难弟们依然生活在打猎、采野果的“原始社会”。此时曹操军队的食堂中已经有香喷喷的米饭，而他们却还在争抢一条鱼、一把枣。

后勤决定成败，谁能建立稳定的财政系统，谁就获得了胜利的先机。但曹操的屯田制远远没有这么简单。

大汉之所以走向末路，是因为大部分基层的土地、税收、人才、兵员都被中间的门阀、士族截留了，中间商赚了差价，买家和卖家都吃亏。乱世开启后，一部分门阀、士族被乱兵、土匪、军阀用暴力扫除了，于是朝廷和基层有了直接沟通的可能。

曹操的屯田制就是上下沟通的天梯。无主荒地充公，朝廷手中有了固定的资产，招募流民耕种就有了稳定的税收，把流民武装起来就是源源不断的士兵。

土地、税收、兵员，朝廷都有了。在汉朝一片阴暗的世界中，乱世飓（jù）风冲破云层，而曹操敏锐地捕捉到了一丝契机，他把云层的裂缝扩大再扩大，最终让阳光重新普照大地。他是盗火者，他要在旧秩序的废墟上建立新的秩序。

等等，刚才好像漏掉了“人才”的选项，别急，好戏马上开始。

人才从哪里来？三国是一座耀眼的舞台，只有门阀、士族有资格上台展示曼妙舞姿，比如袁绍、袁术、曹操、荀彧、诸葛亮[1]……而低一级的许褚（zhǔ）[2]、马超[3]等人，只能打下手。所谓“人才”，其实都出自这群人。

三国看似乱哄哄，实则有一条主线：各种争霸、政变、战争其实都是门阀、士族为了争夺统治权。正方以袁绍、司马懿[4]为首，他们实力雄厚；而反方只有几个人：曹操、刘备、诸葛亮等。

“人才”们混迹其间，为了自己的利益上演着忠义、背叛和倔强，他们中可能有背叛阶层的个人，但绝没有背叛利益的阶层。

荀彧是曹操阵营的第一人才。二十九岁时他去袁绍家里做客，一杯酒过后他就得出自己的结论：“这个人啊，不中。”于是荀彧转身就南下投奔了尚未发迹的曹操，因为他们都看到了时代的弊病，也都找到了治病的良方，即是在士族、门阀的夹缝中积蓄力量。那些年他们手拉手走过了无数风风雨雨。

曹操杀名士边让[5]后，兖（yǎn）州[6]士族觉得曹操不是自己人，赶紧滚吧。他们迎接吕布[7]入住兖州，只有荀彧保住三个县，等待曹操回归。

官渡之战[8]时，整个朝廷都希望袁绍胜利，因为只有如此，他们的前路才算光明。那时只有荀彧、郭嘉[9]告诉曹操：你能赢，加油。

后来他们给朝廷的手术快成功了，可荀彧蓦然回头：没有士族的汉朝，早已不是当年的汉朝。可

[1]（181—234），三国蜀汉政治家、军事家。

[2]三国魏名将。以勇力知名，军中称其为“虎痴”。

[3]（176—222），三国蜀汉名将。

[4]（179—251），三国魏权臣。晚年专擅朝政。

[5]东汉文学家。兖州陈留（今河南开封）人。为人恃才自傲，因对曹操不满，多出言讥讽，被杀。

[6]西汉武帝所置十三刺史部之一。辖境约相当于今山东西南部及河南东部。曹操曾任兖州牧。

[7]（？—199），三国名将。字奉先。为人勇而无谋，后被曹操所杀。

[8]东汉末年曹操与袁绍之间发生的一次以弱胜强的经典战例。此战中曹操歼灭袁军主力，奠定了统一北方的基础。

[9]（170—207），三国时曹操谋士。官渡之战前，分析绍有十败，操有十胜，断定曹操必胜。

只有士族的汉朝，又何必一定是汉朝？这是荀彧的伤心处，也是曹操的绝望时。

门阀士族没有成长起来时，时代属于汉朝。门阀士族早已发展壮大后，时代就属于晋朝了。只有中间的成长道路才属于三国。而原本可以把这个过程省略的人是袁绍，司马懿的位置原本是上天留给袁绍的。

可是，官渡之战打乱了历史的进程。

四

人的一生中看似有很多选择，可是现实往往又很无奈，在众多选择面前，人往往是没有选择余地的。

袁绍从来没有选择的余地，他出身于“汝南袁氏”，是一个“四世三公”的大家族。“三公”是汉朝的文官之首，相当于他们家四代人都当过丞相。虽然做三公的只有四个人，可顺延向下，却有无数家族子弟在野蛮生长，三公、刺史、太守、将军……袁家铺开了一张巨大的网，而这张网络永远在无边际地蔓延，族人的妻子、小舅子、老师、同学、下属都是这些人的关系网，所谓“门生故吏遍天下”就是如此。

在汉末三国，袁绍就是家族的领军人物，至于袁术，他更大程度上是自得其乐。袁绍是“汝南袁氏”的领军人物，也就是天下门阀的代言人，明白了这一点，也就能看清楚很多东西：他能轻松夺取冀州，又能很轻易地坐稳，并且不像曹操一样有很多叛乱，因为大家都认他做大哥，众望所归是也。

他明知道屯田好，但就是不能搞。一旦搞屯田，也就违背了基本盘的利益，挖自己墙脚的事情是绝对不能干的。

官渡之战时，曹操阵营都在给他写信示好。在他们看来，袁绍才是自家兄弟，人家南下中原是来解放自己的。帮曹操？开什么玩笑？

袁绍代表了门阀、士族的利益和希望。

而曹操也同样没有选择，虽然他的家族也很有钱、有很多人做官，但在袁绍之类的士族看来，曹操不过是暴发户、土包子、阉宦遗丑[1]。在那个年代，如果祖上不是读书做官，并且历经几代积累，是不可能进入上层主流社会的。除了袁绍，司马懿是温县司马氏，荀彧是颍川荀氏，陈群是颍川陈氏……门阀、士族的名单中唯独没有“谯（qiáo）县曹氏”的一席之地。

[1] 是对曹操的鄙夷侮辱之语，指曹操之父曹嵩被宦官曹腾收为养子，曹操是宦官卑鄙之人的后裔。

在现实和理想的碾压下，曹操只能代表寒门，于是他一生都在和时代抗争：搞屯田，摆脱士族制约，独立发展财政体系，建立只属于朝廷的兵员。

打压豪门，生死对头没什么好说的。求贤才，曹操一生三次发布求贤令，大张旗鼓地说不看背景只看能力，为的就是从没有背景的寒门中发现人才。

袁绍和曹操，一个顺势，一个逆取，官渡之战其实是两条路线的斗争。如果袁绍赢了，那么西晋就会提前六十年建立，豪门的狂欢盛宴也不必再等那么多年。如果曹操赢了，西汉式二元制帝国则有希望。但他最终没能成功，甚至连魏国都被司马懿夺走，到头来不过是为他人作嫁衣。

真正原因在于曹丕[1]。

[1] 即魏文帝（187—226），三国时魏国的建立者。曹操次子。曹操死后代汉称帝。

五

曹操一生征战天下，可以用智谋、实力和时代、豪门对抗，但他最终依然没有彻底取得胜利，那么一无所有的曹丕又有什么资格去挑战呢？他只能妥协。

曹操去世后，曹丕登上魏王宝座，当时的局面很尴尬。如果继续效忠汉朝，则名不正言不顺。都加九锡[2]了，还说想做忠臣，蒙谁呢？曹操可以说是为了汉朝不得已，但曹丕不行。

[2] 古代帝王赐给有大功或有权势的诸侯大臣的九种物品。后世权臣要篡权，都会先加九锡。

如果想更进一步当皇帝，士族们不会答应。当魏王时就欺负人家，当了皇帝还不反了天？留一个汉朝皇帝，就是给自己留一个希望。

就在曹丕不知路在何方时，陈群带着“关于九品中正制的方案”来了，只用了一盏茶的时间，两人一拍即合。半年后，士族得到利益保证，曹丕得到皇位。

九品中正制是专门为士族定制的，这项制度根据家世、学业、品德把人才分为九等，综合得分高则等级高，而等级又决定了做官的起点和终点。

高等级人才终生都不会做小官，低等级人才终生都不能当大官。而最重要的考量标准，就是家世。呵，寒门子弟有什么家世可言。所以在九品中正之下，寒门永远是寒门，豪门永远是豪门。

曹丕登上皇位，也葬送了曹操的江山。曹操之所以能成大事业，是打击豪门、扶持寒门，一方面他积攒了庞大的基本盘，另一方面又给予了寒门希望，这才是曹氏的魏国。一旦把曹操的路线放弃，那么曹丕和袁绍又有什么不同？既然如此，门阀、士族又何必死忠于曹家，为何不选一个自己人？

几十年后，袁绍未竟的事业将由司马懿继承，魏国也被门阀、士族抛弃到垃圾桶中。这是曹操的悲凉和宿命，历史却又重回到正常的轨道，奔流向前。

249年，高平陵之变[1]后的魏国已经向完全的士族社会迈进，他们决定向蜀、吴的阶级兄弟们伸出援手。

让豪门的旗帜在三国飘扬吧。

六

和曹操一样，刘备的蜀国也在打压士族。

214年，刘璋[2]走出成都，刘备则带着兄弟们入城，七年后他登上皇位，终于实现了多年的梦想。

此时的蜀汉有三股势力。追随刘备入蜀的荆州[3]人是蜀汉的一等公民。刘璋老爸入主益州时从

[1]三国魏景初年间，司马懿为独揽大权发动的兵变。当时曹魏幼主登基，司马懿和宗室曹爽同为辅政大臣，曹爽削司马懿实权，司马懿称病示弱，后趁曹爽携皇帝拜谒高平陵（明帝陵墓）时发动兵变，杀曹爽，独掌朝政。

[2]（？—221），三国时地方割据势力。继承其父益州牧，据有今四川及重庆之地。211年，迎刘备入蜀，使其出击汉中张鲁，后刘备回师攻蜀地成都，开门出降。

[3]西汉武帝所置十三刺史部之一。辖境约相当于今湖北、湖南两省及河南、贵州、广东、广西的一部。处于魏、蜀、吴三国接壤之地，兵争不断。

外地带来一批东州人[1]，他们统治益州三十多年，如今成为失败者，属于二等公民。最失落的是益州的本土士族，几十年来，那两拨人割据称王，他们都是被打压的对象。

刘备的对策是重用人数少而无根基的荆州人，以打压盘根错节的东州人和益州人。诸葛亮走的也是这条路。

夺人饭碗犹如断人生路，其他两派是永远不可能满足的，除非出让利益，转型成晋国，但这是不可能的。

诸葛亮的答案是：严刑峻法，以身作则。只有做到执法如山，令行禁止，才能让大家心服口服；只有以身作则，才能不被别人抓住把柄，带领荆州人向理想前进。

东州人是外来户，时间一长，不是被同化，就是没落了。可益州人是地头蛇，他们不仅不能参与到蜀汉的建设中，还要被打压，充当三等公民，凭什么？

比如经济，刘禅（shàn）[2]投降时蜀汉只有九十四万人口，却有十万军队，四万官吏。基础薄弱，再加上诸葛亮屡次北伐，可以想象人民的生活有多惨，而他们重点压榨的就是益州士族。

比如法律，益州士族并没能参与政权建设，自然也就没有制定法律的权力，而荆州人制定的法律倒有不少是专门用来针对他们的。估计益州士族每天都在想："来自北方的王师啊，快来解放我们吧，只要你们来，由我们带路！"

[1] 东汉末流寓益州的中原人。据《后汉书》载，建安初，从南阳、三辅（长安、冯翊、扶风）一带流入益州者数万家，时称东州人。刘璋之父刘焉将收编为兵，名曰"东州兵"。

[2] 即蜀汉后主（207—271）。三国蜀汉皇帝。刘备之子。即位初由丞相诸葛亮辅政。亮死，他宠信宦官，朝政日趋腐败。后降魏，在魏都洛阳宴饮如常，"乐不思蜀"。

诸葛亮去世后，荆州人逐渐凋零，刘禅和姜维[1]也不过是维持罢了。263年，邓艾[2]自阴平小道[3]直扑成都。刘禅没有反抗，他带着太子、诸王、大臣出城投降，他懂自己的国家："举国尽是带路党，蜀国已经没有希望了。"

人心散了，队伍不好带了。

七

曹操、刘备、诸葛亮是轰轰烈烈后失败，犹如绚丽的烟花，用瞬间的闪耀照亮世界，而孙权[4]则是放弃治疗。

在孙坚[5]、孙策时代，东吴的士族并不欢迎他们。寒门、武夫，不是自己人嘛，我们非暴力不合作，看你能怎么着？

怎么样？老子会杀人。小霸王孙策带着孙坚旧部程普、黄盖和自己的亲信周瑜[6]、太史慈等人，在江东杀得人头滚滚，终于打下了江东六郡，暴力的结果是孙策坐不稳，最终被刺客暗杀。因为江东的统治者没有一个是江东本土人，你小霸王再牛、混得再好，和我们有什么关系？

所以赤壁之战[7]前夕，东吴所有人都要投降。他们不喜欢曹操，但他们更不愿为孙权卖命，因为不值得。投降曹操起码有官做，跟着孙权就要丢掉性命。

那时候劝孙权死战到底的是谁呢？安徽周瑜、

[1]（202—264），三国蜀汉名将。深得诸葛亮信重，亮死，继领诸军。多次率军北伐攻魏，无果。刘禅降魏后，他也被迫投降。后策划复国，事败被杀。

[2]（197—264），三国魏名将。

[3]古道路名。是从甘肃入蜀的捷径，可绕过天险剑阁，直达成都。

[4]即吴大帝（182—252）。三国时吴国的建立者。东汉末，继父兄基业占据长江下游，与蜀、魏三分天下。后称帝，国号"吴"。

[5]与长子孙策同为三国吴奠基者。

[6]（175—210），字公瑾，三国吴名将。曾助孙策定江东。孙权时，率军于赤壁大破曹军。后病死。

[7]三国时期孙刘联合抗曹、以弱胜强的经典战例。此战中孙刘联军火烧曹操水师，水陆并进，大败曹军。战后，形成了曹、孙、刘三方鼎立的局面。

安徽鲁肃[1]、山东太史慈，他们都是外来的既得利益者。幸亏赤壁之战打赢了，从此以后孙权也学乖了，也开始着手转型。大量的江东士族被提拔、重用，旧部亲信被排斥。陆逊[2]从周瑜、鲁肃、吕蒙[3]手中接过大都督[4]职位，统领吴国的军事二十多年，最终官至丞相，后来顾雍也做了十九年丞相。

江东名门最高贵的“顾、陆、朱、张”四姓中，陆逊和顾雍就分别占据了军政和大权。从此以后，吴国丧失了理想，它甚至走得比西晋还要远，直接进入“王与马，共天下[5]”的东晋时代，这样的国家还谈什么活力呢？

直至吴国灭亡，陆逊家族依然有数万私兵，而且还是不属于国家编制的私兵，完全属于家族的私人军队还有数万。陆家如此，其他家族可想而知。这样的国家结构，再加上人口少、经济不发达，一旦“王濬（jùn）[6]楼船下益州”，只能“金陵王气黯然收”了。

八

总有人说“一切问题都是经济问题”，我不太认同。

商鞅变法为秦国夯实了地基。秦国废除了三皇五帝以来的分封制、井田制，又设立了军功授爵、开垦荒地等法令，打通了经济和个人上升渠道，这

[1]（172—217），三国吴名将。

[2]（183—245），三国吴名将。出自江东大族。

[3]（178—220），三国吴名将。

[4]官名。三国吴时为全国最高军事统帅。

[5]王指琅邪王氏（王导、王敦等）。马指司马氏。西晋末年，琅邪王司马睿南渡避乱，在士族王导、王敦支持下建立东晋。王氏兄弟在朝内外权势很大，因此时人有“王与马，共天下”的说法。

[6]（206—286），西晋名将。曾任益州刺史。后造船练兵，率军顺江而下，直取吴都建业（即今江苏南京，又称金陵），一举灭吴。

也就是抽掉了旧式贵族阶层，实现了国家、人民二元制。在这个基础之上，才有了以后的郡县制、三公九卿制、大一统等配套设施。再到汉武帝给予民族、国家无敌的自信气质和独尊儒术[1]的意识形态，这座帝国豪华大厦才算构建完成。

[1] 西汉武帝采取的统一思想文化的政策。汉武帝采纳大儒董仲舒、丞相卫绾等的建议，“罢黜百家，独尊儒术”。此后儒家思想成为封建王朝的正统思想。

这个过程整整用了二百年，远远不是秦始皇统一六国、刘邦七年立国、汉武帝北伐匈奴等单一事件，他们都是历史长河中的一环，连起来才是帝国兴亡背后的密码。

无数英雄和战争的背后是社会秩序的建立。秩序刚建立时，社会充满勃勃生机，有顽强的生命力，这也是秦汉帝国强盛的根本所在。但经过数百年之后，秩序逐渐崩溃。这一趋势从东汉开始，历经三国、两晋、宋、齐、梁、陈等继承者的延续，逐渐丧失生机，在隋文帝灭陈时彻底被埋葬。

而曹操、刘备、诸葛亮的事业是阻止旧秩序崩溃，然后通过改造、修补，最终再回到秦皇汉武时期。从这个角度看，他们才是螳臂当车的人。而袁绍、司马懿代表的门阀、士族才是历史进程中的主流，他们不过是顺应时代潮流罢了。

门阀、士族的产生是社会秩序在运行中重新产生了“食利”的中间层，这个食利阶层重新定义了帝国制度、社会关系以及经济体系。东汉三国时期的皇权软弱、税收艰难、人才危机，表面上看是经济问题，可归根结底是社会和政治问题。

不解决门阀、士族，屯田就是给他人做嫁衣裳。

回到故事的开始，门阀、士族是如何产生的呢？汉武帝为了选拔人才，专门设立了“察举制[1]”，从此开启了潘多拉魔盒[2]，他为什么不直接开科举呢？西汉没有印刷术[3]，知识传播依然靠竹简和口授，别看人口多，但读过书的人压根儿没有几个。

开科取士，取谁呢？没有大规模的知识传播，科举的灵感从哪来？直到宋朝，因为书籍的大规模传播，寒门通过读书考科举来提升阶层才真正得以实现，此后千年，再也没有门阀、士族产生，也没有数百年的分裂。

经济问题其实是表象，往下挖是政治、社会问题，最根本的还是科技问题。科学技术才是社会发展的第一生产力。

[1] 汉朝选官制度。由朝廷和地方官吏推举人才，经考核合格后授官。

[2] 潘多拉，希腊神话中的第一个女人。她私自打开了主神宙斯让她带给丈夫的盒子，导致里面的罪恶、疾病、灾祸等飞出，充满人间。后以“潘多拉魔盒”比喻灾祸的来源。

[3] 中国古代四大发明之一。隋唐之际已有雕版印刷，北宋毕昇又发明了活字印刷术。

魏晋时代：五石散为什么受追捧

一

188年，洛阳。曹操骑马在大街上缓缓而行，微风吹乱了他的胡子，但他小眼睛中透露的目光，却如同敦实的身材一般坚定。

来到大将军府前，他掏出名帖和铜钱递给门卫，下马、转身、进门一气呵成。连同名帖一起拿出来的是聘任书，上面赫然写着："兹委任曹操为典军校尉……"

彼时汉灵帝在洛阳设立西园八校尉，袁绍和曹操都凭借家世成为校尉之一，而军队领导却是太监。虽然太监大权在握，但在社会精英的眼中，他们都是过街老鼠，跟着太监混，肯定没前途。

于是曹操和袁绍投入了大将军何进麾下，他们经常在何府聚会，指点江山，激扬文字，彼此结下了深厚的革命友谊，多年后都念念不忘。

一年后，何进被太监所杀，曹操和袁绍也各奔东西，各自走上颠沛流离的人生。

天下大乱，贵人们纷纷被乱兵拉下马。建安年间，曹操已经成为司空，"挟天子以令诸侯[1]"。

[1] 挟制着皇帝，用皇帝的名义发号施令。形容权势极盛。

那时何进之子何咸已经去世，为了在乱世求生存，何咸的妻子尹夫人只好带着儿子何晏[1]来投奔故人，曹操又一次见到了何进的儿媳和孙子：“好，来了就是一家人。”

于是曹操纳尹夫人为妾，收何晏为养子。不得不说，曹操对何晏是真的好，从小就留在身边培养，长大后又把女儿金乡公主嫁给他，这让何晏有了不一样的身份和地位，以后的很多事，都和何晏有关。

[1]（约190—249），三国魏玄学家。好老庄之言，倡导玄学、清谈，引得士人效仿，成一时风尚。其玄学思想有“贵无”“圣人无情”等。后被司马懿所杀。

二

真要说起来，何晏的身世也还算不错。爷爷是汉朝大将军，姑奶奶是皇后，如今又有曹操做继父，所以他心中有点小骄傲也在所难免，再加上人长得帅、智商又高，更是不得了。

何晏一直以文采和风流自诩（xǔ）[2]，穿的衣服、用的器具、学的礼仪也和世子曹丕没什么区别。

[2]自夸。

虽然长于曹府，他也叫曹操爸爸，但他毕竟只是养子。曹丕代汉称帝后，只封给何晏一些闲职。只有级别和工资，没有任何权力。后来曹叡[3]也不喜欢他，于是何晏在闲职上混了大半辈子。对于胸怀远大志向的人来说，只有级别和工资是不够的，如果不能掌握权力实现抱负，那就是凄惨的人生。

[3]即魏明帝（206—239），曹丕之子。

何晏等啊等，熬啊熬，他终于扛不住了。他开始嗑药，他把一些矿石磨成粉，然后做成汤剂服用，这就是魏晋名士经常用的“五石散”。

据说吃了五石散之后身体燥热难忍、飘飘欲仙，仿佛登上极乐世界的巅峰。

在物资贫乏的年代，这可是娱乐行业的新发明。于是五石散很快流行起来，从曹魏后期一直到西晋、东晋，名门贵族都以服用五石散为荣，如果不会玩的话，大家都会笑话你是乡巴佬。魏晋时代在此时是一个娱乐至死的时代。名士和贵族都放弃了经世济国的理想，没有了改天换地的宏伟抱负，也没有了忠诚信义的道德操守，他们只愿活在当下。而这样的土壤，造就不出曹操那般的英雄。

原本是治病用的五石散，却被魏晋士人滥用，成了损害身体的毒药。可见，魏晋的时代已经病了。何晏的五石散只是一丝火星，它能迅速引领潮流，只是因为迎合了时代的需求。而除了五石散，魏晋年间还冒出一种东西——玄学[1]。

[1] 魏晋时期的主要哲学思潮。是用老庄思想糅合儒家经义形成的。因谈论的都是玄虚的道理，故名。

三

那些年的聚会沙龙基本都是一种套路：大家穿着宽袍大袖，进门坐好就开始嗑药，等到药力发作以后，有的人起身仰天长啸，有的人开始扯淡："世界是空的，我们都是假象。""这么说来，我们从哪里来呢？""我觉得是先有鸡，后有蛋。""不对，不对，没有蛋哪有鸡呢？"类似的扯淡沙龙就是清谈[2]，而清谈的主题就是玄学。

[2] 魏晋时期崇尚虚无、空谈名理的风气。也称"玄谈""谈玄"。始于魏何晏、夏侯玄、王弼等。

在我们看来，魏晋的人仿佛不可理喻。国家经过百年战乱，到处都是荒芜的土地，人民也穷困到极致，而周边又有群狼环伺，正是励精图治的时候，曹魏和西晋的君主大臣应该像汉唐的明君贤臣一样勤俭节约、朝气蓬勃、举贤任能、努力治国理政啊，可上流社会却依然在嗑药、清谈。要完啊。

西晋开国不久，大臣就开始大肆炫富。王恺为了炫耀自己有钱，就用糖水洗锅，石崇[1]一看，哎呀，要被比下去了，于是赶紧买了一堆蜡烛当柴烧。这相当于现代土豪用奢侈品包当垃圾袋、开豪车搬砖一样。一切都是为了显示优越感。

晋武帝司马炎[2]生怕舅舅王恺输了，就送给他一株二尺高的珊瑚树，石崇一看："你这算什么东西，看我的。"他把家里的珊瑚树全部搬出来。三四尺的遍地都是，至于二尺的小珊瑚，根本排不上号。

没有谁是平白无故就放弃治疗的，娱乐至死的背后一定有大时代的原因。魏晋士族也不是主动堕落，而是历史的进程走到此时已经是他们从来没见过的时代。陌生的时代，以前的经验全部失去意义，他们根本不知道该怎么做。

[1]（249—300），西晋大臣。任荆州刺史时，以劫掠客商致巨富。

[2]（236—290），西晋建立者。司马懿之孙，司马昭长子。266年代魏称帝，建立西晋。

四

魏晋的儒学已死。

自汉武帝"独尊儒术"以来，学子们就恪守

儒家标准，对上忠于皇帝和朝廷，对下加强道德修养，他们以忠孝节义为标准，和朝廷保持同步。可三国出现乱世以后，儒生们发现世界变了，堂堂汉朝皇帝竟然成为别人的傀儡，遍地都是杀人如麻的军阀……所谓忠义，仿佛成了一个笑话。

这种事在后世很平常，但在三国时期，皇权依然具有很强烈的神圣性，四百年的大汉江山无时无刻不在传递着信息：汉朝是天命所归。那几十年间，儒生的价值观崩塌了。

而儒学经过几百年的发展，也走进了死胡同，除了一些理论上的道德激励，它们无法在生活中产生实际的作用。也就是说，作为一种主流意识形态，儒学已经穷途末路。

这是一个很大的问题。既然主流意识形态崩溃，那么社会就很难形成用来凝聚人心的共识，每当需要做出重大抉择之时，大家总是争吵不休。公说公有理，婆说婆有理。所以三国、魏晋的人总有一种迷茫感，他们知道以前的思想已经走不通了，但又找不出一条新的路子，所以那时的社会思潮是真空的。

曹操想用崇尚法制来重建意识形态，他希望用法家思想来替代僵化的儒学，虽然他付出了很大的努力，但随着他的去世，一切都以失败告终，而多年的战乱又让人口大幅减少，活下来的人几乎都有劫后余生之感，追忆过去又不免兔死狐悲。在这种背景下，玄学就诞生了。它没有改造社会的雄心壮志，只有坐而论道，奢靡享乐，以及浮夸的精神迷幻。这是介于旧思想和新思想之间的过渡时期。

五

秦汉帝国的制度也即将死去，君权、酷吏、平民的帝国结构彻底解体，门阀士族吸纳平民，架空君主，成为当之无愧的无冕之王。帝制时代从未有过如此局面。

门阀士族和战国诸侯是不一样的，战国诸侯是周天子分封的，律法明文规定：这块地是某某国世袭，土地上的一切都属于君主，诸侯用得名正言顺。门阀士族却不一样，他们拥有的一切，名义上都是国家和皇帝的，实际上却是私人所有，官僚比皇亲国戚还牛，这是第一次。

在这个全新的时代，怎样构建国家制度、保障士族利益、重建社会秩序，他们没有任何经验可以借鉴。彼时中国的历史还比较短暂，没有丰富的历史经验给门阀、士族们拿来做参考，他们只能看到周朝和汉朝。

周朝绵延八百年，强汉让列国俯首称臣。好，就学习你们了。但过去的经验只适合过去的环境，如果门阀、士族照搬，就会有凹（āo）造型的感觉，总是不对劲，于是我们看到了很多诡异的画面：司马家族为了对抗门阀，把家族成员封到了各地做诸侯，他们都有兵马和地盘，最终酿成八王之乱。

朝廷继承了汉朝的制度，却始终无法建立起强势的君权，也没有稳定、庞大的赋税。

为什么？因为权力和赋税都被门阀、士族截留了，他们只借用了汉朝的空壳，却由于自身的属性，得不到旧制度的精髓。

游侠也找不到赏识自己的主人，“士为知己者死”变成一种幻想，他们只能做司马师[1]的死士，成为夺权的工具。所有人都很迷茫、亢奋。和死去的儒学一样，秦汉帝国的制度也死去了，魏晋时代处于“旧力已去，新力未生”的尴尬境地。魏晋时代的奇特，也都来源于此。

六

这是一个彷徨的时代，大家都在做出不同的选择。

何晏半生不得志，在郁郁寡欢中发明了五石散，沉浸在药物的欢愉中不可自拔，这让他能在迷茫的人生中短暂脱离现实。

司马师、司马昭[2]是豪门贵公子。年轻时他们也和别人一样，喜欢混圈子、玩名马、搞聚会，但经过“浮华案[3]”的打击后，他们却走向了另一个极端。司马师成为铁腕领袖，为了家族发展，他在民间养了三千死士，司马懿发动政变时他们一夜间呼啸而来，曾经的好友何晏、夏侯玄[4]统统死于刀下。

[1]（208—255），三国魏权臣。司马懿长子。曾废立皇帝。

[2]（211—265），三国魏权臣。司马懿次子。专擅国政，并谋划代魏自立，有“司马昭之心，路人所知也”的典故。

[3]魏明帝曹叡时期，一些刚入仕途的贵族子弟云集京师洛阳，聚众交游、品评人物、清谈名理，风靡一时。当权者认为这不利于社会稳定，于是以“浮华交会”“浮华朋党”之罪名进行镇压。

[4]（209—254），三国魏大臣、玄学家。后因拟谋司马师，被杀。

司马昭变得阴狠、毒辣，一切以自我为中心，不再顾及道德和舆论，只要威胁司马氏的，统统格杀勿论。

而竹林七贤[1]则是另一个极端，他们对时代不满，看不惯司马氏的利己，却又找不到新的出路，于是只能逃到山林里饮酒高歌。可时代不会放过任何人，嵇（jī）康被杀而广陵散[2]绝，刘伶和阮籍饮酒度日，山涛和王戎则选择屈服于强权，最终都位列高官。

我们曾经都仰慕竹林七贤，可他们就是那个精分[3]时代的缩影。大部分人都在时代浪潮的裹挟下浑浑噩噩地混日子，只留下“魏晋风度”的美好幻想，而魏晋风度的底色却是五石散和清谈。

当大多数人都看不到希望时，他们能做的，也只有娱乐了。

[1] 即嵇康、阮籍、山涛、向秀、阮咸、王戎、刘伶。因常游竹林故称。

[2] 琴曲。司马氏当政时，嵇康因不满其专权而遭忌惮，后被杀，临死前曾索要琴弹奏此曲。

[3] 精神分裂病的简称，也常形容一个人的性格百变，多有调侃意味。

农民起义：王朝的特殊使命

一

大一统王朝的末期总会有一场农民起义，这似乎已经成了一种定律，汉、唐、明、清都没有逃脱。农民也不是吃饱了撑的，但凡有一口饭吃，有一间破屋子住，有几亩瘦田耕种，基本上没人有勇气走上起义这条不归路。农民起义总是有原因的，我们不妨来捋一捋。

一般来说，大一统王朝总是建立在一片废墟之上，旧的利益集团被打破，生产力遭到极大破坏，人口也大幅减少。此时的新王朝就是一张白纸。朝廷手中有大量的土地可以用来分配，再加上人口不多，不论是赏赐功臣或者安抚自耕农，都是绰绰有余的，甚至安顿好之后，朝廷还有大量土地。

这是充满生机的时代。从功勋显贵到贩夫走卒，几乎都能在利益重新分配中得到好处，大家脸上也洋溢着幸福的笑容。

社会也在重新塑造格局。新朝廷的人际关系比较简单，还没有建立起盘根错节的社会关系。他们成为统治集团后，需要几十年甚至近百年，才能和士绅、豪强等阶层结成同盟，掌握全部社会资源。

这几十年的时间差，就是一段真空期。在这段真空期内，社会阶层是流动的，读书好可以很快做官，经商可以很快致富，他们不会被社会关系限制。农民有田种，读书人有官做，朝廷财政良好，用不了几十年就会迎来盛世，再过一段时间，马上就会兵威海内。皇帝和大臣不用辛苦做事，只要按时上班打卡，太平盛世肯定会如期而至。

但是盛世之后，问题就来了。朝廷的开国勋贵延续下来，经过多年发展，他们的触角早已延伸至社会的方方面面，从一枝独秀变成一手遮天。地方上的士绅、豪强也发展成土皇帝，他们不仅是官府的盟友，也是更高一级大佬的“下线”。

从朝廷到农村，铺天盖地的大网就此结成。鲜活的空气变得沉闷，流动的阶层变得固化，活跃的经济和财政也逐渐降温，大家的日子都不好过。唯有大网中的既得利益者依然滋润，并且会越来越臃肿。因为覆盖天下的大网就像黑洞一样，会把所有的资源、利益吸引过来，然后吞噬得一干二净。

王朝走到此时，一般都会有一场改革。这是财政大臣的专场。比如桑弘羊的盐铁专卖、两税法，王安石[1]的变法，张居正的改革。所有的改革都是和既得利益者争夺资源。成功的话，王朝可以延续百年；如果失败，王朝的寿命也就进入倒计时。

这时，多年积累的矛盾会迎来总爆发，大规模的农民起义也就提上日程。此时的农民生活艰难，朝廷早已没有多余的土地用来分配，而天下太平又

[1]（1021—1086），北宋政治家、思想家、文学家。宋神宗时拜相，推行变法，其新法有财政上的均输法、青苗法、农田水利法、免役法、市易法、方田均税法等；军事上的置将法、保甲法、保马法等。此外还改革科举和学校制度，培养新法人才等。但由于新政推行过急和保守派的强烈反对，变法最终失败。

导致人口增长，这就拉低了人均土地占有率。即便人人都有田，也不足以养活全家。

人人有田也仅仅是幻想，盘根错节的既得利益者会兼并土地、霸占产业，把弱势的农民逼到走投无路的境地。农民没有田种，又不能留在家里等着饿死，他们只能成群结队地外出找活路，这就是不绝于史书的“流民”。史书的作者总是对他们很厌恶，但他们都是可怜人、受害者。

如果出现洪水、地震、大旱等自然灾害，那么走投无路的流民和灾民连草根树皮都吃不上，他们会坐等饿死吗？不会。流民、灾民、饥民组成的队伍会用最简陋的工具，打开权贵富豪的家门，拿回属于自己的那一份权益。

这就是农民起义！

二

在历史的进程中，农民起义是不可避免的。但是他们有天然的局限性，很难开创新王朝。这句话不是蔑视，只是事实。第一代农民起义者几乎都是底层的边缘人[1]，缺乏对社会的清醒认识，也受制于知识、眼界、阅历等因素，不能发展新秩序。他们的一切目的就是生存。即便起义领袖有朦胧的感觉，但也无关大局，他并不能改变起义队伍的整体成色。比如黄巢进入长安后，想禁止军队抢掠，可他一点办法都没有，史书上说：“巢不能禁。”这

[1] 生活在主流文化群体以外的人，是文化冲突的产物。美国社会学家帕克于1928年创用。当个人进入陌生的文化群体时，会一时感到无法适应，缺乏群体认同感，从而产生内心冲突，甚至形成特殊的人格类型，导致行为偏差或越轨。是引起犯罪或自杀行为的因素之一。

就是农民起义的局限性。

能建立新秩序的人，往往是旧时代的底层既得利益者，他们懂得治理地方，建立财政体系，收拢人心，这些都是技术活，农民军干不了。即便农民军能出这样的人才，也是大规模起义后，在生死搏杀中磨炼出来的，而这种经历恰恰是第一代起义者没有的。

刘邦、朱元璋等最终建立新王朝的人，都不是第一代起义者。他们或者脱胎于旧秩序，或者吸取第一代起义者的教训，成功接过旧秩序的盘子，却没有旧秩序的包袱，然后开创新王朝，进入下一个轮回。

那么事情就很明白了，在历史的进程中，农民起义的主要使命就是成为先锋，打破利益集团的旧秩序。他们的血泪和荣辱，都是下一个盛世王朝的先声。哪一次农民起义能够完成这个使命，不论成败，它都是一场成功的起义。如果没有打破旧的利益集团，那么不论后人如何评价，它都是失败的。

三

184年，东汉王朝爆发了黄巾起义，后来的《三国志》也以这一年作为三国时期的起点。但黄巾起义是失败的。历史书上说什么“沉痛地打击了封建统治阶级”，说实话，我真的看不出哪里沉痛了。所谓“八州[1]并起”，看起来声势浩大，结果

[1] 即豫州、幽州、兖州、冀州、荆州、青州、徐州、扬州。

不到一年时间就被剿灭了，只剩下小规模部队躲进山里，苟延残喘。他们并没有完成自己的使命。

起义之前，东汉王朝是豪强的天下，起义之后呢，皇帝依然是那个皇帝，贵族依然是那些贵族，豪强依然是那些豪强，什么都没有改变。黄巾军只是以几十万人的生命为代价，发出一声怒吼，然后彻底沉寂。他们没有从根本上触动利益集团，反而为其挣脱了锁链。那些三国前期的枭雄们，无不是在剿灭黄巾起义的战场上，走向历史舞台的中心。

悲惨吗？本来是打击豪强的，却成为豪强的经验包。正是爆发了黄巾起义，朝廷才会把权力下放到州郡，进一步加深豪强的势力。张角[1]三兄弟只是打开了潘多拉魔盒，仅此而已。单纯从农民起义的角度来看，黄巾起义属于不合格。

而唐朝末年的黄巢起义就不一样了。在历史书上，黄巢和他领导的起义绝对是负分，但从事情本身而论，黄巢起义却是一场成功的起义。虽然他到处流窜，没有建立根据地，建立政权又失败了，可延续千年的士族门阀却终结于黄巢之手[2]。所以如何评价黄巢，其实是立场的问题，如果站在贵族的立场，黄巢当然是人渣败类，如果站在劳动人民的立场，你会怎么想？

千年门阀体系终结后，宋朝的平民阶层崛起。平民不再以出身决定命运，也不以姓氏判断地位的高低，宋朝自由宽松的文化氛围，和社会等级松绑有极大关系。虽然晚唐时期的门阀士族已经没落，但等待他们自动退出是不可能的，总要有人站出来

[1]（？—184），东汉末黄巾起义首领。创太平道，自称“大贤良师”。东汉灵帝时，借治病传教，秘密发展信众。十余年间，信众达数十万人，遍及八州。后与其弟张宝、张梁一起领导了黄巾起义。

[2]此处指的是黄巢攻破唐都长安后，在皇城天街对大官僚大地主进行残酷的血腥镇压。

做最后一击，这是历史留给黄巢的使命。

单从农民起义的角度看问题，黄巢圆满地完成了任务。

四

农民起义还有次要的使命——缓解马尔萨斯陷阱[1]。这个术语是马尔萨斯[2]在《人口论》中的预言："人口增长超越食物供应，会导致人均占有食物的减少，最弱者就会因此而饿死。"

仔细想想，历代王朝末期不正是如此？

王朝经过几百年的太平，人口一代又一代繁衍下来，成为人口统计簿上的漂亮数字，这是王朝兴盛的见证。而土地上产出的粮食却是有限的，不论稻米、谷子的亩产是多少，肯定有上限峰值。一方面是可以无限增长的人口，而另一方面是有限的粮食产出。

我们不难发现，每个王朝末期的人口数量，几乎都是王朝的人口峰值，过不了多久，农民起义就会爆发，这并不是偶然。比如东汉桓帝时期有五千六百万人口。唐末的账面数字是三千多万，再加上不受朝廷管辖的河北藩镇、没有纳入户口统计的流民，差不多也有五千多万。

明末人口甚至达到一亿。

此时的王朝人口极度繁盛，但是另一面却是秩序崩溃、土地兼并。贵族豪强依然奢靡浪费，根据

[1] 人口增长是按照几何级数增长的，而生存资源仅仅是按照算术级数增长的，多增加的人口总是要以某种方式被消灭掉，人口不能超出相应的农业发展水平。这个理论就被人称为"马尔萨斯陷阱"。

[2]（1766—1834），英国经济学家。

“二八定律”，王朝土地上百分之八十的收入被百分之二十的人口瓜分，百分之八十的人口在争夺百分之二十的收入，那些弱势群体可不是要饿死吗？

当吃不饱饭的弱势群体越来越多，民间的戾气就越来越重，一场突如其来的天灾人祸就足以让他们揭竿而起。农民起义引发连年争战，又会把更多的人卷入其中，大部分人都将死于战争、杀戮、饥荒，只有小部分人可以活下来。他们将在宽广的土地上进入下一场轮回。

这个难题没有答案，也没有解决办法，所有人都在接受命运的裁决，死在乱世是正常的，活下来需要运气。这无关是非、无关对错，只是黑暗的生存法则。

有人说：“工业革命解决了马尔萨斯陷阱。”没错，工业革命解决了农业社会的马尔萨斯陷阱，可工业社会就没有峰值吗？恐怕未必。

如今的世界依然处于工业社会的上升期，虽然遭遇到了产能过剩、能源枯竭和金融危机，但是还没有遇到粮食危机，马尔萨斯陷阱没有消失。土地还是那些土地，工业革命提升了亩产量，但亩产量也不是无限提升的。我们不能指望亩产万斤的神话。未来会怎么样，只有天知道。

五

农民起义在史书上很不受待见。明朝末年的

杨嗣昌[1]就说："不作安安饿殍（piǎo），尤效奋臂螳螂。"意思就是：你们这些泥腿子不在家等着饿死，出来瞎折腾什么？真是屁股决定脑袋啊，都要饿死了，还不让出来找活路，杨阁部[2]的心可真大。

不过，杨嗣昌的话很有代表性。每一场农民起义都被史书批判，写史书的人千叮咛万嘱咐："快看啊，他们是贼，要被骂死的，后人可千万别学他们。"但换个角度看问题，收入被既得利益集团剥夺，他们在被逼无奈之下，想拿回自己的一份。有错吗？人口达到峰值，他们没有饭吃，只是想活命而已。有错吗？农民起义具有天然的正义性。

是的，农民起义具有强大的破坏性，很残忍也很愚昧，甚至很多领袖是变态、人渣，但不能因此而否认整体行动的无奈，对吧？更加残酷的是，每当爆发大规模农民起义时，往往是权贵和农民一起完蛋，然后第三者出来摘桃子。就像一台电脑运行缓慢、经常出故障，使用电脑的人轻轻伸出一根手指，按下重启键，一切重新开始。

人类太渺小，天地太广大，我们在历史中应该扮演什么角色才是我们应该好好思考的问题。

❶（1588—1641），明末大臣。力主镇压农民军。

❷明清时内阁大臣的别称。

第三章　末日王朝

鸦片战争：1840年家门口的野蛮人

一

1757年，紫禁城。四十七岁的乾隆皇帝[1]发布了一道诏书：“从此以后，大清只保留广东海关对外贸易，其余一律关闭。”

从此以后，开启了“广东十三行[2]”的黄金时代。欧洲、拉美、东南亚的商船从自家港口出发，跨越万里大洋，最终汇聚到广州，只求与大清做生意。大清的丝绸、瓷器、茶叶也翻山越岭来到广州，经十三行之手抵达欧洲贵族之家，在那个年代，它们是奢侈品中的极品。

繁荣的贸易让大家都很开心。“广东十三行”每年上缴百万两白银的赋税，而其中有六十万两进入皇帝的小金库，皇帝很满意。台湾林爽文[3]起义、川陕白莲教[4]起义、河南剿匪、皇帝生日，十三行累计捐款近四百万两，朝廷很开心。

十三行里的商人伍秉鉴完成了无数个小目标，拥有两千六百万两资产，正儿八经的世界首富，商人们也很兴奋。皆大欢喜。

只有英国愁眉苦脸。广州通商的规矩对外国商

[1] 即爱新觉罗·弘历（1736—1795）。年号乾隆。

[2] 清廷特许在广东的经营对外贸易的商行。行数不固定。负责承保和缴纳外洋税饷、规礼，传达政令，管理外洋商船人员等，享有对外贸易特权。《南京条约》订立后逐渐没落。

[3] （1757—1788），清代台湾农民起义首领。乾隆时加入民间秘密团体天地会，率众起义，后被清军平定，身死。

[4] 民间秘密宗教组织。盛行于元、明、清，常被农民起义作为组织斗争的工具。

人不太友好，他们不可以自由贸易。租店面、摆地摊统统不行，只有经过“十三行”的商人才能完成交易。有中间商赚差价，想富裕？没门！

外国商人在广州的行动也受到约束，只能住在规定的宾馆，想出门看看广州的风景，还得等到规定的日子，就像农村逢三、逢五的赶集一样，甚至连带家眷都有限制。

商人重利轻离别，原本这些也不算什么大事，漂洋过海而来，只要能赚钱，什么都可以忍。可外国商人连钱都赚不到。大清的茶叶、丝绸、瓷器是英国特别依赖的奢侈品，但英国的纺织品、呢子大衣、胡椒、檀香却卖不动，货物积压很严重。

就连交易的货币也对英国商人不利。那时的英国实行“金本位[1]”，而大清用的却是白银。所以英国商人来广州做生意之前还得把黄金兑换成白银，这样一来，利润又被刮去一层。而入关的税率更狠，高达百分之二十，英国人很郁闷：“想赚点钱怎么就这么难？”

十九世纪初的英国已经成为“日不落帝国[2]”。1816年，英国完全统治印度；1824年，英国占领新加坡；1824年，英国攻占缅甸。在取得美洲、非洲的庞大殖民地后，英国将触角延伸到亚洲，并试图向古老的中国发起挑战。

由于拥有雄厚的资源，英国很快找到一种独特的商品，那就是鸦片。最初的鸦片是作为一种药物来使用的，英国有一种常见的儿童鸦片糖“巴拉高利”，直到1920年还用来使婴儿安静，而美国的可

[1] 以黄金为一般等价物的货币制度。英国于1821年首先实行金本位制。十九世纪七十年代以后欧美各国和日本等主要资本主义国家相继仿效，二十世纪三十年代世界经济危机后，各国被迫相继废除。

[2] 鼎盛时期的英殖民帝国的代称。因其殖民地遍布世界各个角落。无论何时，领地里总有一些地区处于太阳的照耀之下，故称。

口可乐也曾经添加过微量的可卡因。

工业革命的发展让高纯度鸦片成为现实，于是英国就把提纯后的鸦片运到中国，成为其扩大贸易的绝佳利器，而大清的人正好需要这种东西。

政治的高压让文人不敢乱说话，“清风不识字[1]”都能被杀头，谁还敢议论时事？不如神游太虚。农村的贫瘠让农民常年处于饥饿状态，鸦片正好可以“抗饥耐劳”，还能省不少粮食。社会的消沉让贵族、官员、豪商再也没有祖先的勇烈，而是沉溺于提笼架鸟的悠闲。鸦片甚至成了富贵的象征。

一枚小小的鸦片，却成了夺命的子弹。古老的大清帝国与正称霸全球的大英帝国在历史的拐角处迎面相遇。

二

1838年，一封报告被送到道光皇帝[2]的手中，写报告的人是林则徐[3]。其中有一句是这么说的：“若犹泄泄[4]视之，是使数十年后，中原几无可以御敌之兵，且无可以充饷之银。”

林则徐的眼光还是很精准的。1820至1840年间，英国已经用鸦片赚了将近一亿两白银，而白银的流失又造成大清的银荒，也就是“通货紧缩[5]”。国民的手中没钱，购买力下降，经济下行。

在一些大的城镇，几乎是烟馆林立，大烟鬼成

[1] 清朝大兴文字狱之下制造的一起冤案。文字狱是以摘取片言只语，断章取义，罗织罪状的刑狱，清朝统治者以此钳制思想，消灭异端。当时有大臣诗集中有“清风不识字，何故乱翻书”之句，被认定有意讥讪清朝，招致杀身之祸。

[2] 即爱新觉罗·旻宁（1782—1850），年号道光。

[3]（1785—1850），清末政治家。1839年任钦差大臣，在虎门海滩当众销烟。

[4] 弛缓、懈怠。

[5] 此处指由于白银的大量流失，购买力下降，导致市场上物价总水平下跌，货币升值的经济现象。

千上万。为了分享利润，官员和军队成为国内的鸦片分销商。比如广东水师的一些官兵就和英国鸦片商约定“每箱鸦片收五元到十元”，甚至把战船变成走私船。这是“鸦片战争[1]”前几年的景象。

道光皇帝也知道，禁烟势在必行。1838年12月，道光皇帝任命林则徐为钦差大臣，遣他到广州清查鸦片贸易。

禁烟就是砸某些人饭碗。林则徐命令鸦片商人三日内交出所有存货，并保证永不再犯。但这是涉及身家利益的事情，没有人会轻易屈服。

林则徐愤怒了：“若鸦片一日未绝，本大臣一日不回，誓与此事相始终，断无中止之理。”1839年6月3日，“虎门销烟”开始。广东的所有高级官员全部参加，还有鸦片商、外国领事、记者、传教士。唯独没有英国人。

[1] 1840—1842年英国对中国发动的侵略战争。其根本目的是为打开中国市场、掠夺原料、倾销商品。此战失败后中国被迫签订《南京条约》，从此开始沦为半殖民地半封建社会。

三

1840年，英国，伦敦。国会[2]在进行一场激烈的讨论，主题是：“到底要不要出兵教训一下落后的东亚人？”

一年前，林则徐销毁鸦片砸了英国的饭碗。不久后，英国水兵醉酒打死广东村民，没有按照林则徐的要求审判，于是林则徐下令禁止一切贸易、驱逐英国人出境。眼看着滚滚财源被截流，英国急了。

[2] 也称议会。源于英国，是实行三权分立原则的资本主义国家的最高立法机关。

大清的庞大所有人都心知肚明，但相隔万里大洋，一旦开战，到底能不能打得过，谁都心里没底。就在这时，一个特别熟悉大清的人说话了，他叫小斯当东。

四十七年前，他和父亲曾跟随马戛（gā）尔尼[1]出使中国，亲眼见过乾隆皇帝。一路上，“康乾盛世[2]”的景象让这对父子终生不忘。清朝的贫穷令人惊讶，一路上他们丢掉的垃圾都会被生活在底层的百姓捡回去当美味吃掉，而清军的穿着也如同叫花子一般。

房屋都是木结构，没有天花板，只在房顶铺上茅草，地面是夯实的泥土地，从房梁上垂下的一个个草席，将房间分割成若干个屋子。大街上也看不到马车，唯一能看到的运输工具是独轮车。

农民把所有的精力都放在土地上，精细化的耕作让植物间不留缝隙，一点不敢浪费。他们只希望能在少得可怜的土地里尽量多长一点粮食，以便填饱肚子。

在小斯当东看来，大清除了国土庞大，其内部早已腐朽不堪。

既然如此，那就不妨一试。1840年6月，四十多艘战舰、四千名士兵跟随总司令懿律[3]来到广州海面。他们不会想到，一场很小的军事行动却像蝴蝶的翅膀，掀起了东亚的百年飓风。

[1] 英国外交官。1793年率使节团，以祝贺乾隆帝八十寿辰为名抵达中国，要求缔约通商，遭拒。

[2] 历史上对清康熙、雍正、乾隆三朝治世的美称。也称“康雍乾盛世”。是中国古代历史上较鼎盛的时期之一。但同时，这一时期闭关锁国，重农轻商，禁锢思想，轻视科学等，种种隐患已经埋下。

[3]（1784—1863），英国人，1840年2月任侵华英军总司令和谈判全权代表。

四

道光皇帝是一个矛盾的人。1791年，他跟随爷爷乾隆皇帝去打猎，亲手射中一头鹿。那时他才十岁。

1813年，天理教[1]徒攻击紫禁城。他拿着一把鸟枪冲上城头，与大内侍卫们站在一起，并亲手击毙两名敌人。那一年他三十二岁，正值壮年。

年轻的道光也曾是勇敢、忠烈的战士，他愿意为了皇家的荣誉而战，为了国家的安稳而战。谁让他是皇长子呢？这是责任，也是义务。可当英国的军舰在海上纵横时，道光皇帝却又不复当年的勇气，显得犹豫而昏聩。

1840年8月，英国军舰抵达天津大沽口[2]。道光从来不敢想象，远在广州的敌人只用了一个多月的时间就兵临城下。那么，从天津到北京又需要几天？他不禁想起二十七年前站在紫禁城城头的光景，只不过那时的敌人是拙劣的暴民，现在的敌人有强大的军舰，而道光已经五十九岁了。

一生的操劳早已耗尽他的血气，面对兵临城下的英军，道光甚至不敢亮剑。他最大的心愿就是息事宁人，安度晚年。所以当英军提出“通商”和“惩办林则徐”的要求时，道光几乎不用想就同意了。只要英军不在他眼前晃悠，怎么着都成。

但道光的内心毕竟还残存着一丝丝当年的豪气，当大沽口的威胁解除后，他还是渴望夺回失去

[1] 清朝白莲教支派之一。

[2] 在今天津市滨海新区东部、海河口南岸。历来是海防要地。清时设税关。

的国土。两年间，大清就在道光的心思间摇摆。英国军舰兵临大沽口，认；英国军舰撤回广州，想雄起；虎门战败，求议和；英国条件太苛刻，再战；镇江城破，道光彻底绝望，议和。

1842年8月29日，耆（qí）英[1]和璞鼎查[2]签订《南京条约》。八年后，道光去世。大清的纷纷扰扰与他再无干系。

❶（1790—1858），清末宗室。爱新觉罗氏。鸦片战争后，代表清政府与英国代表璞鼎查签订中国近代史上第一个不平等条约《南京条约》。

❷（1789—1856），1841年被任命为全权代表兼驻华商务监督，扩大侵略战争。

五

大变革的时代最容易见人心。

1841年2月，英军以十艘战舰、三艘汽船和登陆部队猛攻靖远炮台，而守在这里的关天培[3]身边只有四百人。别人都撤退了，他也可以撤，没人会怪他。可这位六十一岁的广东水师提督没打算撤退。当了一辈子军人，骄傲了一辈子，他不愿意在退休的年龄做逃兵。战斗中，关天培受伤十几处，最终中弹牺牲，仍双目紧闭，站立不倒，其余四百守军也无一生还。

❸（1781—1841），清末将领。曾任广东水师提督，支持林则徐禁烟，操练水师，增筑炮台，严整海防，多次击退英军进攻。

1842年6月，英军以百余艘战舰、一万陆军进攻吴淞（上海）。两江总督牛鉴逃走，但江南提督陈化成留下了。他也可以逃，但他决定马革裹尸。陈化成带领几十名亲兵守卫在孤立无援的炮台上朝着前进的英军射击，一炮又一炮，一枪又一枪。就算不能扭转战局，但求无愧于心，视死如归。

1842年7月，六千六百名英军击败镇江城外的绿营[1]，开门进城。但在镇江城，他们遭遇了巷战。阻击英军的是一千五百名蒙古八旗兵[2]。最终，副都统海龄兵败自杀，八旗兵战死六百人。他们没能阻止镇江陷落，但他们尽力了。

这是一个大变革时代，也是洗牌的时代。有人苟且偷生，有人视死如归；有人看到黑暗，有人看到救赎；有人守护荣誉，有人丢掉节操。在这个世界上，最难琢磨的是人心，最伟大的也是人心。时代的浪潮一遍又一遍冲刷着他们，淘汰了渣滓，留下了伟大。当一切尘埃落定，历史会给出公正的评价。

[1] 清朝军制。也称“绿旗兵”。因使用绿旗，故名。清朝入关后将收编的明朝降附官兵另立为绿营。

[2] 清朝兵制。分为满洲八旗、蒙古八旗和汉军八旗三类。

▲道光帝爱新觉罗·旻宁像

太平天国：世界进程中的一朵浪花

一

1492年，哥伦布[1]和水手驾驶三艘帆船，从西班牙的巴罗斯港起航，一路向西航行而去。

经过两个多月的航行，他们在加勒比海区域的巴哈马群岛登陆，哥伦布把脚下的土地命名为圣萨尔瓦多，意为“救世主”。哥伦布相信，传说中遍地是黄金和香料的亚洲已经到了。

船队继续向西南航行，经过一段狭窄的海峡，哥伦布更加信心满满：“这么狭窄，肯定是马六甲海峡[2]，真给力。”

发现新大陆的消息传回西班牙，万众欢呼。此后无数船队沿着哥伦布航行过的路线，希望在“亚洲”找到黄金和香料，然后运回欧洲发大财。虽然哥伦布发现的新大陆是美洲，但西班牙船队真的在墨西哥、玻利维亚等地找到大量金、银矿，发了一笔横财。

据官方数据统计，从1521年到1600年，西班牙从美洲共得到一万八千吨白银，二百吨黄金。还有人估计，实际数目应是此数的两倍。这些金银通过

[1]（约1451—1506），意大利航海家。先后四次远航探险，揭开了西方地理大发现的序幕。

[2] 亚洲东南部马来半岛和苏门答腊岛之间的狭长海峡。是沟通太平洋和印度洋的海运要道。

西班牙的贸易行动逐渐在全世界流通起来，这不仅让白银成为明朝的法定货币，还间接扶持起英、法的手工业。此后西班牙、葡萄牙、荷兰、英国、法国纷纷派船队出海，抢占世界的无主之地，然后郑重其事地插上本国的旗帜。

大航海时代来了。

尤其是葡萄牙和荷兰，他们的船队绕过非洲好望角[1]，经过印度和东南亚，继而北上抵达了澳门和台湾。他们在这里建立了大量军事基地，垄断中国、日本和东南亚的海上贸易。于是，一个遍布世界的贸易圈形成了。

美洲的黄金白银被带回欧洲，欧洲人再从美洲白人手里购买农作物，他们还把非洲黑人卖到美洲，从亚洲买回瓷器、丝绸和茶叶。大量船队在海上航行，带动全世界的贸易交流，他们把在美洲发现的土豆、红薯、玉米、番茄、烟草等农作物扩散到了全世界。

这些美洲来的农作物对环境要求不高，而且亩产量特别大，一旦大规模培育起来，可以解决大部分人口的吃饭问题。事实上，正是欧洲培育起土豆、玉米之后，才真正解决了人民的饥饿问题。

同时，欧洲普及了“三田制[2]”，不论何时都有三分之一的土地休耕，最大限度增加了耕种面积，还能保证土地蓄养肥力。农民发明的重型铁犁，翻土深度可以达到六至八英寸[3]，这样一来，欧洲的草地和洼地都能被开垦成可以耕种的农田。

[1] 非洲最西南端的岬（jiǎ）角。在埃及北部的苏伊士运河通航前，欧亚航运均需经过此地。

[2] 中世纪欧洲的一种耕地分区轮作制度。即把耕地分成三区，两区分别种植春季作物和冬季作物，一区休耕，依次轮作，以恢复地力。

[3] 英制中的长度单位。1英寸等于2.54厘米。

欧洲历史发展到十六世纪，已经到达了转折点。可以耕种的土地急剧扩大，亩产量更是大幅度增加，粮食多了，欧洲人吃得饱了，并且有了抵抗力，原本致死率很高的传染病，现在居然可以扛过去了，人均寿命自然就增加了。

能吃饱、活得久，人口暴涨是必然发生的事情，但任何地方可以容纳的人口都是有限度的。那些新增人口在欧洲生活艰苦，于是只能跟着船队向外移民，到各国的海外殖民地生活，他们不仅可以在土著面前做人上人，还能利用国家霸权占据更加广阔的生存空间。他们还顺便把欧洲的语言、文化、宗教带到世界各地。也就是说，大航海缓解了欧洲的马尔萨斯陷阱。

中国就没这么幸运了。早在西周时期，中国就施行了休耕制度，经过几千年积累，中国土地的亩产量节节升高，一亩地能养活的人口越来越多，再加上医术发展，汉朝时土地最多只能养活六千万人，到明末人口已经达到一亿五千万人，清朝乾隆年间人口突破三亿。

红薯、土豆、玉米进入中国以后，从乾隆年间正式开始发力，不到百年时间就把中国人口推到四亿。可见人口增长是世界的主流。据学者统计，1650年的世界人口是五亿四千多万，到1850年已经超过十二亿。不论欧洲还是亚洲，人口都在暴涨。这种现象不能只说是玉米、土豆的功劳，或者天下太平带来的福利，我觉得应该是数千年历史积累带来的爆发增长。

人口增长就要争夺生存空间。清朝的耕地只有八亿亩左右，却要养活四亿人口，算下来人均土地不到两亩，而汉、唐人均土地占有可以达到几十亩，这也就是康乾盛世不如文景之治[1]的原因。人均可怜的两亩地，饭都吃不饱，谈什么生活质量，所以康乾盛世被称为饥饿的盛世。

[1]西汉文帝、景帝时的治世景象。这一时期，统治者实行“轻徭薄赋”“与民休息”的政策，生产得到恢复和发展，人口增加，国富民丰。

欧洲通过大航海把新增人口转移到殖民地，中国没有赶上大航海，就没有殖民地，四亿人口挤在以农业为主的中国，因而只能形成一种内卷化的社会。当欧洲一个人吃五张杂粮煎饼时，清朝是十个人抢一张杂粮煎饼，这就是掉进马尔萨斯陷阱出不来了。

二

虽然清朝政府不能大规模向外移民，但人民群众的智慧是无穷的，大家在土生土长的家乡吃不饱饭，必定会想办法寻找出路，树挪死人挪活，只要走出去，肯定有办法。

首先走出去的是山西人。我老家就是山西的，走出城市，一眼望去全是黄土高坡，水源极少，大部分土地都是干巴巴的。山西农民基本是靠天吃饭，一旦老天爷不下雨，那么一年的收成就没保障了。于是山西人离开家乡，到内蒙古自治区开垦荒地和做生意，无意之间造就了富甲天下的晋商，这就是轰轰烈烈的走西口。

山东人、河北人成群结队，闯过清朝设立的柳条边[1]，进入东北黑土地讨生活，慢慢地把东北变成了中国自古以来的领土。他们的迁徙活动叫作闯关东。

广东、福建的人口也特别稠密，而且岭南多山、少田，更养活不了多少人口，但好在靠海，可以到东南亚发展谋生，而这就是下南洋。

当然，也不是所有南方人都想出国，那些不想出国的南方人纷纷向贵州、广西、云南迁徙。这些地方虽是中国自古以来的领土，但一直是少数民族的地盘，由世袭土司[2]统治，他们的穿戴、语言和中原不一样，几千年来都没人愿意去。

比如王阳明[3]被贬到贵州龙场，大家都劝他不要去，去了说不定就回不来了，但王阳明不听劝，非去不可，结果走到半路仆人就跑了，可见没人想去穷山恶水的地方。

但是清朝乾隆以后，马尔萨斯陷阱让中国百姓越来越穷，为了谋生路，广东、四川、湖北、湖南的人口纷纷向穷山恶水的西南迁徙。他们则被称为客家人。

当然，客家人不止清朝迁徙来的南方人，还包括历代迁徙而来的北方人，爆发太平天国运动的广西就是清朝人口迁徙的几处终点之一。

其实不管是从哪里来的，在广西土著眼中，客家人都是来抢饭碗的。夺人钱财令他们愤怒，广西土著对客家人恨得要死，客家人对广西土著也不满意。

①清朝东北封禁地区界线。东北是清朝兴起之地，为保护这里的牧猎之利，曾于边界处修建柳条篱笆，沿线驻兵，禁止边内居民越过篱笆打猎放牧等。

②官名。元明清时期，西北、西南、中南地区的少数民族首领。

③即王守仁（1472—1529）。明理学家、教育家，世称“阳明先生”。早年因反对宦官刘瑾，被贬龙场。后发展了陆九渊的心学，提出“心明便是天理”“致良知”“知行合一”等观点。

由于土著定居时间早，那些肥沃土地和优质地盘基本都被广西土著占据了。客家人来了广西以后，发现根本没有想象中的生存空间，反而要受拥有优质资源的土著碾压，被逼无奈之下，只能到劣质土地和工矿谋生，于是广西土著、客家人矛盾愈演愈烈。

类似美国白人怨恨移民抢工作机会一样，广西土著嫌弃客家人来抢饭碗，成天想把客家人驱逐出广西地界。客家人也嫌弃土著占着茅坑不拉屎，除了来得早点以外，再也想不出别的优点，他们还利用先发优势欺负客家人，凭什么？

这种矛盾发展到清朝道光年间就是大规模的械斗。几百上千人带着刀枪棍棒，挤在一起杀得血流成河。但是广西土著处于食物链的上游，他们有粮食，有堡垒，有人脉，往往在械斗中处于上风，即便打输也能迅速翻盘。

而客家人就是外来户，能在广西生存已经不容易，想逆势翻盘，太难了。总之清朝中期的广西，就是个火药桶，稍有不慎就会爆炸。而且每次械斗都有很多人死亡，这些仇恨累积在一起，又加剧了土、客之间的矛盾，根本没有调和的可能。

好处当然也有。频繁的械斗让客家人的实战经验特别丰富，只要有机会，他们就能把械斗积累的实战经验迅速转化为军事作战技能。此时，太平天国的火种已经起来了。

土著、客家矛盾让客家人的生存环境异常艰难，他们会不惜一切代价抓住机会，以改善这艰难的生存环境。而械斗培养了无数优秀战斗人才，成为太平天国未来的军事班底。

三

❶（1814—1864），太平天国领袖。早年屡试未中。后创立拜上帝会，领导太平天国运动。

广西这个火药桶是洪秀全[1]点燃的。这哥们儿年轻时醉心科举，想中进士光宗耀祖，然后做大官执掌天下权柄，属于不甘心做底层失败者的年轻人。但洪秀全的学识属实不高，“笨人”曾国藩中进士是二十七岁，洪秀全一辈子连像样的功名都没有。

二十五岁时，洪秀全在广州第三次落第，他受到了极大的刺激，病危了。昏迷中，洪秀全隐约听到有人对他说：“你是上帝的儿子，耶稣的弟弟，应该提三尺剑斩妖除魔。”洪秀全心想：嘿，原来还有人没放弃我。病愈以后，洪秀全变得沉默寡言，说话也让人听不懂。

❷（1811—1872），清末洋务派和湘军首领。曾组建湘军，对抗太平天国。倡导洋务运动，兴办了一批近代军事工业。

洪秀全比曾国藩[2]小三岁，他们成长的年代，英国已经建立起世界霸权。作为世界霸主，英国不仅占据殖民地赚大钱，还要把基督教传播到世界各地，让落后国家的人民接受耶稣的熏陶，早点做个好人。这其实就是一种文化霸权。

落后国家的人民只能选择是否接受，而无法用自己的文化奋起反击，毕竟文化的基础是国家实力。而广州是清朝唯一的对外窗口，它自然就成了鸦片和宗教流通的唯一渠道。

洪秀全在广州落第后，发现了一本叫《劝世良言》[1]的书，于是他萌发了信奉上帝，追求人人平等的观念。从此以后，他就以上帝次子的身份，逢人就说上帝老爸如何如何好，赶紧来信上帝吧。

随着传教事业有声有色，洪秀全把信徒收拢起来，成立了“拜上帝会”，相当于把基督教中国化。拜上帝会原本是个地下宗教组织，这种组织在旧中国太多了，随便编些观点，多多少少都能收拢一点人气，但是洪秀全带着拜上帝会进入了广西。

我在前面说过，清朝中期的广西就是个火药桶，随时都可能被引爆，而洪秀全的拜上帝会，就是那个点燃火药桶的火星。

洪秀全和冯云山[2]在广西建立组织分部，宣扬“天下一家，共享太平”，并且把儒家和地方土庙视为邪道，全部打扫得干干净净。广西客家人不懂儒家的家国大义，但他们太懂地方土庙了，因为那是广西土著才拜的神仙。现在拜上帝会砸烂土庙，可不就是和客家人站在一起了嘛？客家人马上对拜上帝会产生了好感。

洪秀全和冯云山说：“人类都是兄弟姐妹，不要互相争斗，要团结互助，有地一起种，有钱一起花。”客家人和土著的争斗就是因为争夺生产物资啊。他们在争斗中是处于弱势的，当然希望有人帮助他们平权，毕竟平权是拉高客家人的地位，降低土著的地位。所以不论理念还是组织行动，拜上帝会很快赢得了广西客家人的心。用互联网术语说就是，洪秀全抓住了用户的痛点，解决了用户的麻

[1] 基督教传入中国后早期的中文布道书，内容大半是《圣经》中章节，结合中国风俗人情来阐释基督教义。

[2]（约1815—1852），太平天国领导人之一。后封“南王”。

烦，结果就是核心用户指数级增长。

除了正常吸引“会员”外，那些械斗失败的客家人纷纷加入拜上帝会寻求帮助，希望用同乡同会的关系站稳脚跟，这就为客家人增加了扩展人脉的渠道。于是拜上帝会成为聚集广西客家人的组织，杨秀清[1]、萧朝贵[2]、韦昌辉[3]、石达开[4]等中坚人物陆续入会。

等到拜上帝会的体量壮大以后，地下组织必然要出来见太阳。就算洪秀全等人不愿意出来，清朝也不会放过如此大的结社组织。

1851年1月，金田起义[5]爆发。受尽土著迫害的客家人成为太平天国取之不尽的人力资源，在械斗中积累实战经验的客家人成为太平天国的优秀战将。

仅仅用了两年半的时间，他们就冲出广西，沿着长江一路东进，把太平天国的首都定在了南京。然而其问题也很明显。太平天国作为基督教中国化的组织，反对中国的一切文化传统，走到哪里都要砸烂孔庙，杀死儒生，甚至把绵延八百年的岳麓书院[6]烧掉。可清朝有文化的力量都是读儒家书籍的啊，太平天国反儒家，基本把可以争取的力量全部拒之门外。

原本左宗棠[7]有心思加入太平天国，但他听说太平天国焚书籍、杀学生，马上断定他们不会长久，这才投奔了湖南巡抚张亮基。类似左宗棠的人，恐怕不在少数。

到头来，太平天国的领导层和中间层，还是那

[1]（约1820—1856）。太平天国领导人之一，后封“东王”，主持朝政。

[2]（约1820—1852），太平天国领导人之一，后封“西王”。

[3]（1826—1856），太平天国领导人之一，后封“北王”。太平天国定都天京（今江苏南京）后，参与军事、政治、外交事务。

[4]（1831—1863），太平天国领导人之一。后封“翼王”。

[5]洪秀全在广西桂平县（今市）金田村举行的武装起义。是太平天国运动的开端。

[6]在湖南长沙岳麓山下。为宋初四大书院之一，朱熹曾在此讲学。

[7]（1812—1885），清末洋务派和湘军首领。曾率湘军镇压太平军。后平定侵犯中国南疆的阿古柏政权，阻止了外国对新疆的侵略。

些广西客家老乡，而文人代表的士绅阶层才是能左右中国命运的人，在农业社会造反却得不到士绅阶层的支持，命运基本已经定了。

其他的腐败、内斗、短见等缺点就不说了，三天三夜都说不完。

除此之外，太平天国还不承认一切不平等条约。洋人不管中国打成什么样，只要胜利者跪下当狗就行，结果太平天国想站起来做人，用的还是基督教的思想。

原本坐山观虎斗的洋人，为了维护自己的利益，彻底站在了清朝一边。想谋大业，但要和人民站在一起啊，可太平天国口号喊得震天响，最关键的平均地权基本没做。结果清朝、洋人、儒生、舆论都成了敌人，除了用反清名义招来的一部分人，能帮助太平天国的真朋友没交到几个。

从大方向来看，太平天国的失败是必然的。

1854年2月，曾国藩和湘军[1]出省作战，发布《讨粤匪檄[2]》。其中关键的是这几句："自唐虞三代[3]以来，历世圣人，扶持名教，敦叙人伦，君臣父子，上下尊卑，秩然如冠履之不可倒置。粤匪窃外夷之绪，崇天主之教……士不能诵孔子之经，而别有所谓耶苏[4]之说、《新约》之书。举中国数千年礼义人伦、诗书典则，一旦扫地荡尽。此岂独我大清之变，乃开辟以来名教之奇变，我孔子、孟子之所痛哭于九原！凡读书识字者，又乌可袖手安坐，不思一为之所也！"

也就是说，曾国藩要代表中国传统文化诛灭

[1] 清末曾国藩组建的重要武装政治集团。因将领士兵多是湖南人，故名。

[2] 古代官府用以征召、晓谕或声讨的文书。

[3] 指夏、商、周三代。

[4] 即耶稣。基督教所信奉的救世主。也称基督。

外来宗教，这是历代农民起义没有过的事情。从秦末的陈胜、吴广到明末的李自成，所有农民起义都是中国内部的事情，追求的也是平均土地和出人头地，这种追求从陈胜喊出“王侯将相宁有种乎”就定下来了。

但是大航海以后，中国再也不能独善其身了，所有事情都要受到世界各国的影响。比如西班牙的白银不流通，明朝直接通货紧缩，基督教跟着船队走向世界，在中国发展出拜上帝会来，太平天国不和洋人合作，成为唯一被中外联合剿灭的起义。

太平天国这种奇葩，曾国藩听都没听说过，要是让这种政权统治中国，后果简直不堪设想。仔细想想，清朝还是尊重中国文化的。于是受儒家文化浸润的中国人基本站在了清朝一边，而一封《讨粤匪檄》直接让曾国藩站在了舆论的顶点，晋升为中国文人的楷模。

此后清朝成为中国士绅阶层的靠山，曾国藩、李鸿章[1]、左宗棠等人是冲在前面的先锋。1864年，太平天国运动失败了。

[1]（1823—1901），清末洋务派和淮军首领。1870年任直隶总督兼北洋大臣，掌管清廷军事、经济、外交大权。洋务运动时创办了一批近代军事和民用企业，建立北洋海军。在对外交涉中，代表清政府先后签订了一系列丧权辱国的条约。

四

太平天国运动不仅是中国内部的运动，更是世界大潮流激起的一朵浪花，而且类似的浪花在世界各国到处都是。它们有几个特点：历史积累让人口快速增长；国家没有赶上大航海，不能输出人口；

国内没有工商业，不能吸纳过剩人口；面对欧洲国家的侵略，没有还手的余地。

或许太平天国是声势最大的，但绝不是唯一的，和中国相同命运的国家多多少少都有类似的运动。说到底，没有工作的人口太多，迟早会出问题。直到现在，能跳出马尔萨斯陷阱的国家都不多，巴西、墨西哥、非洲都是工业不发达，不能吸纳过剩人口，导致没有工作的人太多，成为社会的不稳定因素，而没有工作的贫困人群又到处制造混乱，拖着国家进入越来越穷的窘境，最终就是国家和人民双输。

太平天国之后的一百六十年来，中国是唯一跳出马尔萨斯陷阱的国家，而且是在世界有相当地位的大国。

经过七十多年的努力奋斗，中国基本发展起种类齐全的工业，可以给十四亿人口提供工作，不管挣钱多少，起码有事情可做。而且目力所及之处，还有越来越好的趋势。如果站在中国的角度看中国，你会发现贫困人口依然还有很多，甚至还有很多令人不满意的地方。

但如果站在世界的角度看中国，你可能会发出一声感叹：“幸亏生在中国。”这才是中国的骄傲啊。

变法与战争：光绪和慈禧的较量

一

1886年，光绪皇帝[1]十六岁，按照清朝祖制，已到亲政年龄，迫于祖制，慈禧太后[2]不得不考虑归政问题，于是召集群臣开会，宣布明年正月准备亲政典礼，归政光绪。

1861年，咸丰皇帝去世后，慈禧联合慈安太后[3]、恭亲王奕䜣（xīn）[4]发动了“辛酉（yǒu）政变[5]”，一举推翻顾命八大臣，掌握了实际权力，至此已经二十六年了。二十六年的资本积累，哪里是说退就退的，不仅跟着混饭吃的大臣不愿意，慈禧也不愿意啊。玩弄天下于股掌间的感觉，多美妙啊。

然而没几天，生父醇亲王奕譞（xuān）就带头给慈禧上书，求老太太再训政几年。他言辞诚恳，仿佛慈禧不训政的话，大清就完蛋了。老太太看到人心所向，只好勉为其难：“哎，年纪大了还要操心琐事，一点儿都不让人清净。”

为了慈禧的训政大业，朝廷专门制定了《训政细则》，明文规定皇帝和太后的权限：凡是需要皇帝主持的仪式，比如给优秀大臣颁奖、慰问退休老

❶即爱新觉罗·载湉（1871—1908）。年号光绪。因同治帝死后无子，被选立为帝，即位时仅四岁。

❷（1835—1908），清咸丰帝妃，叶赫那拉氏，清末同治、光绪两朝实际统治者。其子同治帝即位后，被尊为太后，徽号“慈禧”。

❸（1837—1881），清咸丰帝后，钮祜禄氏，同治帝即位后被尊为皇太后，徽号“慈安”。与慈禧太后共同垂帘听政，但实权由慈禧掌握。

❹（1833—1898），爱新觉罗氏，清末洋务派首领。后权倾朝野，遭慈禧忌惮。

❺此年为农历辛酉年，故称。政变后，奕䜣拥两太后垂帘听政，此后慈禧把持国事四十余年。

臣等，都交给光绪出面；其他的行政事务，则需要慈禧监督。

而最重要的任免权和批阅奏折权，依然在慈禧手中。老太太大权在握，不论是出于拍马屁还是明哲保身，大家都满意了。

于是刚刚亲政的光绪皇帝，只能捏着鼻子接受。其实这也可以理解，光绪只是十六七岁的年轻人，让他处理庞大的帝国事务，谁会放心啊。康熙[1]够英明神武了吧，刚亲政还不是着急地削藩，逼反了吴三桂[2]。如果平叛不成功的话，“刚愎（bì）自用”的评价是跑不掉的。

1889年，训政结束，局面依然没有改变。每天的日常事务，光绪都可以单独决定，但事后必须向慈禧汇报，军机处也会呈送前一天的简报请老太太过目。没有什么事情可以瞒过她。

慈禧可以直接向光绪下达命令，贯彻自己的意志，比如朝廷大臣的人选、重大事务的处理意见等。也就是说，光绪皇帝是“总经理”，慈禧太后是“董事长”。皇帝可以在第一线感受荣耀，但真正说了算的，依然是幕后的太后。

[1] 即爱新觉罗·玄烨（1654—1722），年号康熙。八岁即位，在位六十二年，开创了“康乾之治”的前期。

[2]（1612—1678），清朝藩王。明末驻防山海关，引清兵入关，受封为平西王，成为清初三藩之一。

二

身处权力场，但凡手中有点资源，必然会引来无数人投靠，更何况是大清帝国的皇帝呢。

在光绪处理政务的过程中，其周围逐渐形成

所谓的“帝党”。他们希望帮助光绪争取实权，同时打通自己的上升通道，这可是从龙之功，属于最大的功劳。这批人以帝师翁同龢（hé）[1]为首，包括珍妃[2]的堂兄志锐、文廷式[3]、状元郎张謇（jiǎn）[4]等文人清流。他们是朝廷的在野党，努力争取话语权。

经过多年的苦心经营，满蒙亲贵、封疆大吏、汉族地主都紧密团结在慈禧的周围，组成实力庞大的“后党”。他们占据最重要的官职，拥有一言九鼎的话语权，很多官员都是其党羽。任何事情只要“后党”说不行，那就真的不行。

“后党”为什么会聚集在慈禧身边呢？

“辛酉政变”之后，同治皇帝[5]只是小朋友，大清由慈禧、慈安、恭亲王组成权力铁三角。由于政变中表现出来的心机和手腕，慈禧成为最重要的一角。拥有高位就是拥有资源，再加上权谋手段，慈禧一点点抛出诱饵，逐渐培养了很多自己人。后来慈安去世、甲申易枢[6]，另外两极也倒下，放眼朝廷，已经没有人能和慈禧抗衡。

光绪亲政前，慈禧的权势扩张到了极点。当初不听话的都被打趴下了，留下来的都是听话的自己人，也就是说，慈禧代表了大部分官员的利益。对他们来说，维护慈禧，就是维护自己。

多年来，慈禧一步步走向胜利，所有人都见识到了她的狠辣，大家想投机之前，也要掂量掂量后果。另外，慈禧惯用“拉一派，打一派”的手段。她只会制衡，而不是亲自下场，比如让李鸿章

[1]（1830—1904），清末维新派。同治、光绪两朝帝师。

[2]（1876—1900），清光绪帝妃。因支持光绪帝执政、变法维新，遭慈禧太后忌恨。

[3]（1856—1904），清末维新派官员、学者。

[4]（1853—1926），中国近代实业家、教育家。

[5]即爱新觉罗·载淳（1856—1875）。咸丰帝长子、慈禧太后之子。六岁即位。年号同治。

[6]清末统治中枢一次大规模的人事变动事件。1884年，慈禧突然颁布懿旨，将以恭亲王奕䜣为首的军机处大臣全班罢免，独揽大权。

和清流对立、满洲大臣和汉族地主对立。任何人想投机，很快就会被另一派围攻，他们丝毫没有赢的机会。

在这样的环境下，光绪的“帝党”想上位，简直比登天还难。

但是，很快机会就来了。日本发动甲午战争[1]，这让“帝党”成员看到了翻盘的希望。

[1] 1894—1895年发生的中日战争。1894年（农历甲午年），朝鲜请求清政府协助镇压国内东学党起义，日本趁机出兵，突袭中国海陆军，双方宣战。此战中，清北洋舰队全军覆没，标志着洋务运动最终破产。

三

1894年7月，甲午战争爆发。由于日本蓄谋已久，而清朝仓皇迎战，这场战争以中国战败、北洋水师全军覆没而告终。

当时的“帝党”和“后党”都是主战的。光绪是为了保卫祖宗江山，慈禧是为了能够好好过生日。后来北洋水师战败，日军攻入辽东半岛，慈禧太后转变立场，希望赶紧议和了事。

议和符合大多数官员的利益。打仗要死人，要花钱，稍有不慎，乌纱帽都保不住，甚至还会连累派系利益。保持现有的格局不变化，成了“后党”的基本诉求。但光绪的“帝党”是想求变化的。如果继续死水一潭，“帝党”成员这辈子都别想出头。所以，现实诉求迫使光绪和“帝党”成员极力主战。只要仗打赢了，什么都可以有。这是光绪的理想照进现实。

操盘政治斗争的大哥，基本不会亲自下场博

弈，而是通过推动某项政策实施，最终赢得政策的主导权，以及日常事务的话语权。胜利的一方会以此为突破口，进一步扩大战果，失败的一方往往日薄西山。

对日的战与和，就成为“帝党”和“后党”的博弈点。按照光绪和“帝党”的设想，甲午战争是自己的立威之战，一旦获得成功，便可以掌握朝廷的话语权，再不济也能获得自由，就像康熙擒鳌（áo）拜[1]一样。再加上翁同龢和李鸿章有私仇，所以他们不停地催李鸿章出战，最好能把北洋的家底拼光，再把日本阻拦在国门之外。

在全民亢奋的时候，“后党”不得不暂时退让。但光绪和翁同龢不知道，北洋水师的装备已经落伍了，不论船速还是大炮，和日本都不在一个档次。而大清的官僚体系也烂到家，贪污腐败、贪生怕死成为官员的顽疾。

日本在进攻朝鲜时，总指挥叶志超不停向朝廷要钱、要粮，可日军攻入平壤时，搜出大量金砖、金锭和金沙，这些都是将领的私财。此外，还搜出了大量饷银、粮食等物资。清廷中的各大官员在煤矿等企业都有股份，他们宁愿把优质的五槽煤卖掉换钱，也不愿意卖给北洋水师，导致军舰只能使用劣质的八槽煤，航速远达不到设计航速。

一处如此，处处如此。

从这方面来看，“后党”主和也不是单纯的卖国，而是他们知道自己有多少家底，与其拼光，不如留着当花瓶看。光绪和“帝党”的夺权计划，遭

[1]（？—1669），瓜尔佳氏，清初权臣。顺治帝临终前指定的辅政大臣之一。康熙帝刚即位时掌权，独断专横、广植党羽，等康熙帝亲政后仍不愿还政，被其用计擒获。

遇遍地都是蠢队友的囧境。随着战争失败，主战派的话语权再次被削弱，主和的“后党”再次成为朝廷的主心骨。光绪和慈禧的第一次交锋以光绪失败告终。

甲午战争在权力斗争、家事不和、公报私仇的纠葛中落下帷幕，李鸿章在日本签订了《马关条约》[1]，赔款两亿两白银。日本获得持续发展的巨额横财，大清则扯下了同光中兴[2]的遮羞布。被迫在条约上签字时，光绪皇帝“绕殿急步约时许，乃顿足流涕”。

这一刻，我相信光绪是为国而哭。

[1] 甲午战败后，日本强迫清政府签订的不平等条约。其主要内容包括割地、赔款、开放商埠、允许日本在通商口岸开设工厂等。这项条约的签订使外国势力深入中国腹地，大大加深了中国的半殖民地化程度。

[2] 同治、光绪年间，由于洋务运动，清政府采取一系列革新措施，似乎实现了王朝的“中兴”。

四

下一轮较量来自变法。

甲午战败之后，大清朝野都被日本震惊了，区区东瀛小国，居然可以打赢大清帝国，到底是怎么回事？仔细研究之后才恍然大悟：“原来日本变法了，看来大清也需要变法。”

此时朝野已经取得变法的共识。共识归共识，具体怎么操作、由谁主导，是需要争夺一番的。假如没有慈禧，那么一切都不会有问题，所有事都有一个主心骨，可以按部就班地推行下去。问题就在于，朝廷是双头格局。大象在草原吃得很开心，蚂蚁也想多吃一点，双方的矛盾不可调和，只能有一个胜利者。

没错，慈禧和光绪的关系是很好，但前提是光绪愿意做傀儡，老太太去世以后才能接手家业。只要慈禧活着一天，她就不愿意退位，“后党”成员也不愿意她退位。更何况，此时已经由不得慈禧了。

既然慈禧代表了那么多人的利益，她就不是她自己了，而是众多利益汇聚在一起的符号。她想做什么也由不得自己，只能被众人推着向前走。顺应人心时，慈禧是执刀人；一旦不能顺应人心，慈禧也无能为力，就像后来的袁世凯[1]。

戊戌变法[2]和甲午战争一样，是光绪和慈禧、“帝党”和“后党”的斗争，他们为国家，也为自己。

变法的第一步是练兵。1895年年底，袁世凯接替不熟悉军事的胡燏（yù）棻（fēn）[3]，正式在小站练兵，开启了近代陆军的先河。此时的袁世凯不知道，三年后维新派想利用这支军队，让谭嗣同[4]去找他谈判，请他出兵劫持正在颐和园的慈禧太后，扶持光绪皇帝执政。

第二步则是更改制度。经过甲午战争的惨败，上至朝廷，下至民间，大家都对变法抱有极大的兴趣，尤其是刘坤一[5]、张之洞[6]、李鸿章等封疆大吏。

1898年6月11日，光绪皇帝颁布“明定国是”诏书，变法开启。他们在短短三个月的时间里发布了一百多道诏书，想要彻底改革大清帝国，迅速搭建好强大帝国的架子。

[1]（1859—1916），北洋军阀首领、北洋政府总统。辛亥革命后接受孙中山让位就职中华民国临时大总统。后企图复辟帝制，未成，不久病死。

[2] 甲午战争后，康有为、梁启超等资产阶级维新派发起的改良运动。也称“百日维新”。主张学习西方，建立君主立宪制，同时在经济、教育、军事上也提出了一系列改良措施。

[3]（？—1906），清末大臣。1894年奉命在天津小站（在天津市津南区东南部。清时为一小驿站，故名。）编练新式陆军，后经扩充，形成了北洋军阀势力。

[4]（1865—1898），清末维新派政治家、思想家。失败后被捕，与康广仁、林旭、杨深秀、杨锐、刘光第五位维新派人士同时被害，人称“戊戌六君子”。

[5]（1830—1902），清末湘军将领。

[6]（1837—1909），清末洋务派首领。

然而，9月21日凌晨，慈禧突然从颐和园返回紫禁城，限制了光绪的自由，紧接着便将光绪囚禁在瀛台[1]，再次宣布训政。这一百多天里，到底发生了什么？

[1] 在北京清故宫西苑太液池（即今中南海）中，是一座三面临水的岛屿。

五

除了鼓励办企业、开放言路、建立国会等明面文章，我们一定要知道，水面下又有怎样的暗流汹涌。

首先是掺沙子。光绪提拔杨锐、林旭、谭嗣同、刘光第等人为四品官衔，参与新政，并让宗人府保荐宗室成员。他要干什么？组建班底呗。就像汉武帝成立内廷一样，把朝堂大权夺回到自己的小圈子里来，让品级不高的人执掌大权。光绪皇帝撇开老油条，提拔了一堆新手，他是想组成以自己为主导的班底，一方面推进变法，另一方面增强话语权。

然后是裁撤部门。光绪下诏裁撤通政司、詹事府、大理寺、光禄寺等部门，并把这些部门的职权划归内阁[2]。这只是朝廷的部门，地方上还有一大批等着砍呢。

[2] 官署名。明初废丞相后设立，实掌宰相权力。清朝沿袭，但实权掌握在满洲贵族手中。军机处设立后，内阁成为传达谕旨、公布文告的机构，但名义上依旧是清朝最高级官署。

好家伙，这么多部门养活多少人啊，您一句话就全部砍掉，让人家全家老小喝西北风啊，工龄也不算，退休金也不发，到底要闹哪样啊，给点补助也好啊。

这些等待下岗的人，就成为讨厌变法的第一批人。他们到处拉横幅喊冤，迅速引发了一股恐慌的风气。众多不明真相的群众一看，嚯，变法就是要砸吃饭的锅？是可忍孰不可忍。很多封疆大吏坐不住了，做了一辈子官，搞了一辈子政治，从没见过有人这么玩的，胡闹嘛不是，一点儿都不稳重。

最后是另立朝廷。光绪想开懋（mào）勤殿[1]，作为变法的统一指挥机构。看看名字就知道了，类似于唐朝的政事堂[2]，聚集宰相等人员处理政务。一旦懋勤殿成功建立起来，便会迅速成为大清新的权力中心，那么军机处[3]、内阁的老臣就将成为摆设。

老臣们奋斗了一辈子，却被年轻人嫌弃。“敢情皇帝是要把大家都踹开啊！不能忍，不能忍，走，咱们找太后评理去。”慈禧听说以后，立刻阻止。

光绪和“帝党”的“戊戌变法”，迅速把所有人都推向了对立面，导致大家为了生存，不得不求慈禧充当代言人。本来大家都蛮热心的，皇帝要变法了，他们仿佛看到官位和银子唱歌跳舞地跑来。老臣们挺想上车，可变法狠狠抽了他们一个耳光：“原来我们才是变法的阻碍啊。”

说到底，年轻的光绪太把皇位当回事了。他以为皇帝的圣旨有很大的分量，发到哪里都会被严格执行。“嗯，我是皇帝，你们都是奴才。”他认为权力是自上而下的，有了职位必定有权力。其实，权力是自下而上的，有了权力才有职位。光绪把先

[1] 明清宫殿名。在今北京故宫博物院西南。皇帝常在此读书，批阅奏本及鉴赏书画。

[2] 官署名。唐、宋宰相总办公处。

[3] 官署名。清朝辅佐皇帝的政务机构。职掌为每日晋见皇帝，承皇帝旨意处理军政要务，以面奉谕旨的名义向各部门各地方长官发布指示。

后顺序搞混了。

身边有多少人，在朝廷有多少话语权，在宫门外有多少影响力，这才是实实在在的权力，有了这些，自然就有了职位，而不是有了职位，才顺便有了这些东西。

光绪皇帝本来就没多少嫡系和话语权，想通过推进变法迅速赢得权力，却忽视了自己的根基薄弱，就好比妄图一口吃成胖子，结果只能崩掉门牙。他最好的办法是团结大多数，拉拢满洲亲贵和汉族地主，大家一起在变法的列车上吃香喝辣，然后各取所需。

既得利益者发现皇帝不是自己人，只好按捺上车的心，默默站在“后党”的队伍之中。“戊戌变法”，真的是天下无人不“后党”。

如果说这些只是内部矛盾的话，慈禧还可以容忍：“年轻人嘛，总要多锻炼，边做边学，不碰钉子不成材。”

然而，最大的麻烦来自康有为[1]。据说这个一辈子七次上书的乡间老书生，在公车上书[2]中，临阵退缩，却将公车上书当作自己的政治资本。后来假传圣意，自吹自擂。老太太坐不住了，连夜赶回紫禁城。此时的光绪还没有被废，估计慈禧还有扶上马送一程的想法，只是担心光绪做得太过分，回宫亲自监督，有什么事情也可以兜底。

然后轮到袁世凯出场。光绪之前召见过袁世凯，见见面，聊聊天，试图把袁世凯培养成自己人，以此掌握一支可用的军事力量。后来谭嗣同也

[1]（1858—1927），清末思想家、维新派领袖。

[2] 甲午战败后，康有为联合千余举人上书清廷反对《马关条约》，要求变法维新的政治事件。

私下拜访袁世凯，撺掇他起兵勤王，包围颐和园以及杀荣禄[1]。袁世凯听完，没说什么就回天津了。

直到慈禧回宫以后，袁世凯害怕了。万一他们把这事说出去怎么办？那还不如先下手为强，活下来最要紧，于是才有袁世凯告密的桥段。这是压倒光绪的最后一根稻草，光绪触碰到了慈禧的底线。

至此，“百日维新”结束。

[1]（1836—1903），瓜尔佳氏，清末大臣。“后党”核心人物。

义和团：被利用的爱国炮灰

一

1900年左右，大清子民对洋人的感觉一点都不好，如果非要类比的话，大概就是俗套的文章标题："世道变坏，是从洋人登陆开始的"。

世道变坏其实是内部出了问题，比如人均占有耕地减少、人口暴增、脱离世界潮流、财富分配不均等等，洋人登陆是结果和催化剂，而不是世道变坏的主要原因。但大清子民并不清楚，他们只能感知到洋人带来的坏处，而没有能力分析为什么会这样。毕竟那个年代的识字率很低，也不能要求群众有多么高的觉悟，那是拿大清子民开涮，一点都不道德。

对于洋人作恶，他们最朴素的认知来自教堂。自从鸦片战争以后，欧洲列强纷纷奔赴大清淘金，各种跑马圈地，划定势力范围，英国的军舰在长三角横行，法国渗透云贵，俄国看中了长城以北，后起之秀的德国则瞄准山东。

洋人来了之后并没有入乡随俗的意识，他们走到哪里都要修建教堂，并把它们作为深入大陆、拓展势力的据点，其作用类似于后来日军修建的碉堡[1]。

[1] 俗称“炮楼”。

只要教堂建起来，洋人就算是在方圆几十里扎根了，成为大清统治之外的另一股基层势力。所以晚清的东部省份的基层有两条垂直的统治势力，大部分时间他们都能和谐共处，但双方却也在暗中蓄积能量。

凡是有利可图的地方，总是会吸引很多追随者。大清的基层有稳固的利益通道，可以给子民提供入仕之门、缉捕盗贼、提供安全保护，作为回报，人们需要交税。这条通道已经存在了几百年，大家也都习惯了。

洋人的教堂进来以后，大规模吸引周边居民入教，并承诺入教之后可以提供保护，有的甚至可以免除赋税。大家都知道当时的局面，大清被洋人吊打，不管多大的官，只要遇到洋人都要矮半截，基本不在同等层面上。所以教堂招人时很多人都去投奔，心甘情愿做一枚光荣的假洋鬼子。于是冲突就产生了。

教民借助洋人的势力在乡里感觉棒棒的，看不起大清子民，动不动就算计人家的家产和土地。大清子民也不开心啊，我们祖祖辈辈都自力更生，日子过得好好的，怎么洋人来了就碰上了寒冬，不仅算计我们的家产，平时还要遭受人格侮辱。

这种事在当时被称为教案，尤其以山东为甚。曾国藩曾给朝廷上书：“凡教中犯案，教士不问是非，曲庇教民，领事亦不问是非，曲庇教士。遇有民教争斗，平民恒屈，教民恒胜。”

可见两股基层势力的冲突已经积压几十年了，等到什么时候实在憋不住了，这个“沉默的大多数”就会发出自己的声音。

由于教堂的实力强大，大清的基层官员又不作为，大清子民只好抱团取暖，结成一个又一个小型社团。社员们忙时种田，闲时练武，有人闹事时就一起出动，用人多力量大的方式维护权益。

甲午战争以后，双方都绷不住了。日本取得战争的决定性胜利，欧美列强不禁发出惊叹：“哇，大清埋头搞了几十年的洋务运动[1]，居然是花架子。”于是洋人更加得寸进尺，教堂势力更大，教民也自认为是一等公民。

而大清民间的社团经过多年发展，也具备了相当规模，几乎每村、每县都有人数不等的社团。既然有所依仗，社员们也感觉自己棒棒的。当双方的仇怨积累到一定程度，弱势的一方又具备反抗实力时，大规模的冲突便在所难免。

而民间社团的反抗，就是义和团。

[1] 第二次鸦片战争后，曾国藩、李鸿章等洋务派大臣主导的一次向西方学习的近代化运动。主张学习西方先进技术，以“自强”和“求富”为口号，创办了一批近代军事、民用工业，建立新式海军，兴办近代教育等，一定程度上促进了中国民族资本主义的产生，但并不能从根本上使中国富强。

二

1897年，山东冠县村民和教民因土地发生冲突，威县拳师阎书勤[2]前往援助，并和赵三多一起将练的梅花拳改为义和拳，也就是在这个地方，拳民在次年10月竖起“扶清灭洋”的旗帜，不过他们

[2] 和赵三多同为清末山东义和团首领。

的名字依然是义和拳民。

真正赐予“义和团”名字的，还是朝廷官员。1898年6月，山东巡抚张汝梅上奏朝廷，他认为义和拳是民间自发组织的乡勇[1]，不如改为受官府监督的民团，这是第一次出现“义和团”的名字。

[1] 乡兵，地方武装。

虽然没有受到朝廷重视，但“义和团”的名字已经风靡山东，各地的民间社团也纷纷自称“义和团”，从此便成了气候。

当时的朝廷正在搞“戊戌变法”，无暇分心。义和团的反抗并没有明确规划，只有“扶清”的朦胧概念，以及“灭洋”的最终目标，具体该怎么做呢？不知道。

义和团兴起之后，出于本能去攻打教堂、拔电线杆、杀洋人和教民，在他们的认知中，这些就是世道变坏的主要原因。而且义和团没有号令严明的组织纪律，都是各个小社团拼凑在一起，做什么事情也是师兄们互相商量，这就属于群起盲动的民间暴力。而类似的暴力组织想要维持下去，要么依靠热血，要么依靠抢劫和杀戮。

热血是很短暂的，冲动过后很快就会冷静下来，然后该干吗干吗，因此没有组织、纪律的暴力团体，热血过后只剩杀戮。身处义和团式的团体中，平时唯唯诺诺的老实人也会在无秩序的盲动中体会到极大的快感，进而癫狂上瘾。

一般来说，这种组织是没什么前途的，洋人对义和团讨厌得要死，每天督促朝廷剿灭义和团，不然就不和大清玩了。朝廷对脱离掌控的民间暴力组织也不喜欢，这就相当于挖墙脚，极大削弱了朝廷对民间的掌控力度。但是义和团却发展起来了。为什么？因为慈禧太后需要炮灰。

三

“戊戌变法”之后，慈禧和光绪彻底闹掰，两人从相亲相爱一家人变成老死不相往来的仇人。慈禧的心情也可以理解，她想培养忠于自己的继承人，又要让光绪耐心等待，到底什么时候能上位，要看慈禧活到什么时候。

可内忧外患和权力斗争都逼迫光绪走上了另一条路。不论是甲午年间的主战，还是戊戌年间的变法，光绪的所作所为都不能代表既得利益者的利益，直到被无情抛弃，准备退居二线的慈禧不得已重新走上一线。

最重要的是，光绪被康有为坑了一把，让慈禧以为他们要“围园劫后”，这个疑点彻底击溃了慈禧的底线：“我对你恩重如山，你居然这样对我，从今天起，你我恩断义绝。”此时的慈禧已经大权在握，她唯一在乎的是身后不被翻案，如果光绪继续在位，说不定自己什么时候就完蛋了。这种感觉让慈禧如芒在背[1]。

[1] 形容极度不安。

既然如此，那么慈禧的选择就只有一个：换皇帝。废除光绪，重新换一个听话的小皇帝，这样慈禧既可以培养新的接班人，又能名正言顺地继续执掌大权。选来选去，慈禧发现端王载漪[1]是“后党”的死忠粉，他的身边又总是有一票宗室和八旗老臣能无条件支持自己的意见。

1900年1月24日，慈禧以光绪皇帝无子为由，册立端王载漪的长子溥儁（jùn）为大阿哥，预定1月31日举行登基典礼。而此时的光绪正在瀛台读书呢。

让慈禧没想到的是，大清朝想换皇帝，洋人居然不同意。东交民巷[2]的外国公使声称：“和中国打交道，只认光绪二字。”太后很生气，后果很严重。

然而更生气的是端王载漪，在得到慈禧的承认后，载漪满心欢喜，以为端王府要出皇帝了，自己必然是未来的权力中枢，老太太去世后，可就是自己的天下了。

册立溥儁为大阿哥的第二天，载漪在家里备好茶点，等着外国公使和朝廷公卿上门道贺，估计他把表情管理都练习好几遍了。可是外国公使一个都没有来，载漪不甘心，天亮后继续准备，又没人来，再准备还是没人来。至此载漪明白了：“所谓的大阿哥，洋人根本不承认。”

不仅洋人不承认，大清的重臣也不承认。荣禄私下探寻重臣的口风，两江总督刘坤一回复：“君臣之义已定，中外之口难防。坤一为国谋者以此，为公谋者亦以此。”从君臣角度而言，刘坤一的话已经很严厉了，甚至颇有威胁的意思，假如慈禧一意孤行，那刘坤一就不报国了。

[1]（1856—1922），爱新觉罗氏，清末皇族，妻为慈禧侄女。

[2]街巷名。在北京市正阳门东侧。清朝为各国使馆所在地。曾一度是帝国主义侵略中国的大本营和外国人的特别居留地。

对于慈禧而言，大清重臣不承认倒是次要的，曾国藩、李鸿章多牛啊，还不是被她敲打得服服帖帖，而洋人的干涉才是致命威胁。于是慈禧和载漪达成共识，一定要给洋人点颜色瞧瞧，要不还以为大清无人。

载漪的权欲、慈禧的恐惧、子民的积怨，大家围绕“天子家事”达成了共同对抗洋人的统一战线，在世纪之交掀起了大规模的朝野合作。

这些事本质上是慈禧和光绪的矛盾，却不可避免地上升为国际纠纷，最终影响了大清国运，生灵涂炭。

四

正当慈禧一筹莫展之际，载漪发现山东、河北居然有反抗洋人的义和团，不由高兴坏了：“嘿，我们来谈谈合作吧。”他迅速给慈禧介绍了义和团：“他们是反洋人的，大清民心可用啊，太后下命令吧。”

由于载漪的鼓动，慈禧很快就相信义和团的师兄们身怀刀枪不入的真功夫，可以放手和洋人一搏。

而真正促使慈禧下定决心的，是洋人增兵。洋人不远万里漂洋过海，不是来爱你的，而是为了升官发财，义和团的兴起让他们感受到了威胁。为了保护势力范围和既得利益，各国在5月份提出调兵进京，以保护各国的使馆不受侵害，同时也可以威胁大清朝廷。哼，你不镇压义和团，我帮你。

于是慈禧紧急调董福祥的甘军进京，同时从6月起放任义和团进京，作为朝廷和洋人作战、谈判的筹码。

朝廷的鼓励给了义和团一份官方认证，民间对义和团已经不甚抵触，洋人多年的欺压也成为义和团扩张的土壤。他们一路攻教堂、杀教民，进入京城时规模已经十分庞大。

进入京城以后，义和团的盲动性更严重了，朝廷对他们只能进行引导，并不能有效地管理，而义和团又没有明确的目标以及详细的执行步骤，能做的就是杀人。

而军队维持又需要数量巨大的粮草，庞大的义和团又没有后勤保障，抢劫就不可避免，再加上混入队伍中的投机分子，纪律混乱和战斗力差则是必然会存在的问题。

义和团进京后很快就和使馆卫队激烈碰撞，造成京城混乱不堪，富商云集的大栅栏地区[1]也遭到殃及。整个京城乱作一团，义和团竟无人能制。

德国公使克林德在去总理衙门交涉时，和神机营[2]章京[3]恩海相遇，一味主张镇压的克林德率先开枪，结果被恩海击毙，紧接着便是我们熟悉的“八国联军侵华[4]”。

那么慈禧是否真的相信义和团可以“刀枪不入”呢？她的心理活动后人无从知晓，可能她是真的相信，也可能是表面相信，只是为了鼓励义和团

[1] 清时故宫天安门附近的商业区。因靠近皇苑，为保障安全而设置了许多栅栏，故名。

[2] 清中后期八旗禁卫部队。

[3] 官名。满语。清代军职多称章京，如甲喇章京、牛录章京等。

[4] 1900年，英、美、德、法、俄、日、意、奥八国联军侵华事件。

罢了，至于其真实目的嘛，利用民心而已。

人生如戏，全靠演技。

五

慈禧的戏多，载漪的戏更多。为了保住儿子的皇位，端王载漪指使部下伪造了一系列洋人的外交照令，扬言要接管大清的财政和军队，其中一条让慈禧深受刺激：“归政给光绪皇帝。”慈禧勃然大怒，没想到折腾了半天，洋人是来针对我的，是可忍孰不可忍：宣战。

1900年6月21日，八国联军攻克大沽口的四天后，慈禧召集御前会议，同时向英、美、法、德、意、日、俄、奥、西、比、荷十一国宣战。

大家一看，老太太疯了。光绪第一个提出质疑，他很不赞成对列国同时宣战，五年前连日本都打不过，现在的十一国都比日本厉害，他们合起来围殴大清，能打过才怪。光绪说了一句公道话：“奈何以民命为儿戏？”不过他的话此时已经没有任何分量了，参与会议的大臣直接无视，打与不打是老佛爷[1]说了算，你赶紧闭嘴吧。

[1] 清末对慈禧太后的专称。

8月14日，八国联军攻入京城。光绪认为没有逃跑的必要，洋人只是来讨伐拳匪的，他想主动到东交民巷和各国公使面谈，希望事情能有所转机。光绪穿好朝服准备去使馆，慈禧立刻赶到，命令太监剥掉其朝服，待在房间等候命令。

慈禧哪里敢留在京城，洋人打到京城还不是老太太一手造成的，她生怕洋人第一个找她算账呢。第二天清晨慈禧就带着光绪匆忙西逃。

各地督抚也不上心。盛宣怀[1]留了一个小心眼儿，他利用手中掌管的邮电系统，没有把宣战诏书大规模传达，而是小范围发到各督抚手中。总不能因为皇家母子斗法，就要拉着天下人陪葬吧。

两广总督李鸿章收到电报后直接回复："此乱命也，粤不奉诏。"张之洞收到诏令时正在抽烟，听到宣战的消息，他气得把烟枪扔到了地上："这老寡妇要骇她一下！"刘坤一也私下说："慈禧的政府已经完了。"

有了李鸿章的支持，盛宣怀急忙联络两江总督刘坤一、湖广总督张之洞、闽浙总督许应骙（kuí）、四川总督奎俊、山东巡抚袁世凯和各国驻沪领事[2]商定《东南保护约款》[3]。各地督抚和各国约好：你们想进攻京城的话，我们不掺和，但你们的军队也别南下，咱们在南方继续做生意。

如果这种事情发生在乾隆年间，各地督抚的脑袋早就搬家了，可在王朝末世，所有人都有恃无恐。

大清最后一点人品也被慈禧败光了。在甲午战争和戊戌变法时，她代表了大部分人的利益，是公心掩盖了私利。而在"庚子事变[4]"中，她以私利背叛了公心。归根结底，慈禧的一切出发点都是私利，尤其是"八国联军"事件中，慈禧为了不被翻案，由换皇帝直接促使义和团发酵、中外交恶、联

[1]（1844—1916），洋务派首领、中国近代实业家。协助李鸿章办洋务，开办招商局、电报局、开平煤矿等。

[2]一国根据协议派驻他国某城市或某地区的代表。

[3]义和团运动期间中国东南督抚与英美等国的"互保"条款。

[4]1900年（农历庚子年），义和团运动发展到京津地区，八国联军攻入北京城，慈禧和光绪西逃，一系列事件引发了中国社会极大震荡。

军侵华。

《辛丑条约》[1]规定，清政府向各国赔款四亿五千两白银，加上利息共计九亿八千两。甚至政府不能在天津驻扎军队，洋人却可以在京榆铁路沿线的十二个要地驻扎军队，北京也有保护使馆的卫队。

然后是东北。俄国趁机南下，半年内攻占东北全境，虽然没有以法律形式确定下来，但是已经为五年后的日俄战争[2]埋下伏笔。

更不用说被抢劫的珍宝，《永乐大典》[3]再也找不全了，《四库全书》[4]被毁掉数万册，单单日本驻军就在东四[5]搜刮出三百万两白银。联军总司令瓦德西[6]也承认："所有中国此次所受毁损及抢劫之损失，其详数将永远不能查出，但为数必极重大无疑。"

朝廷高层的私心，真的会害死人。

六

1902年1月8日，两宫[7]回銮。

洋人的强烈干预让慈禧的废帝梦想化为泡影，以后无论干什么事她都要把光绪带在身边，不让他离开自己半小时以上。光绪皇帝继续在皇位上，形如木偶地度过最后六年，没人和他说话，他也不愿意和别人说话，没事就读读书。他的心里还装着中兴大清的梦，直到1908年11月，他等到那碗来自慈

[1]八国联军攻占北京后强迫清政府订立的丧权辱国条约，这一条约使中国完全沦为半殖民地半封建社会。

[2]1904年，日本和俄国为争夺中国东北和韩国权益而进行的战争。最终俄国战败，日本取代俄国在中国东北的支配地位，并准备进一步侵略中国。

[3]类书名。是中国古代最大的一部类书。明成祖时编纂。正本毁于明末，副本在八国联军侵入北京时大部分烧毁。

[4]丛书名。是中国最大的一部综合性丛书。清乾隆时编纂。

[5]原东四牌楼一带，著名商业区。

[6]（1832—1905），德国陆军将领。1900年任八国联军统帅，来华指挥侵略军。

[7]此处指慈禧太后和光绪皇帝。旧史中遇太后和帝，太上皇和帝，帝、后或两后并举时，称为"两宫"。

禧的赐膳，里面加了过量的砒霜。

慈禧也摇摇晃晃地走过六年，最终立三岁的溥（pǔ）仪[1]为帝，并且让摄政王载沣（fēng）、皇太后隆裕[2]互相制衡。她最担心的事没有发生，载漪和溥儁的结局都不太好，八国联军攻入京城后，载漪成为祸首，被流放到新疆伊犁，溥儁的大阿哥称号被剥夺，随父亲一起被流放。后来父子俩逃到蒙古，溥儁娶蒙古公主为妻，进入民国后穷困潦倒，1942年死后被埋在嘉兴寺[3]的后院，此时载漪已经死去二十年了。

爱国的义和团真的成了炮灰，他们遵循本能抵抗洋人时，朝廷却不遗余力地镇压，当朝廷需要有人冲锋在前时，他们又兴高采烈地与朝廷合作。

朝廷和慈禧真的信任义和团吗？开玩笑。义和团进入京城之后，和清军联合起来攻打各国使馆、西什库教堂[4]，他们的人数和武器具有压倒性优势却始终攻不下。因为慈禧不愿意真的进攻，她始终都留有退路，清军和义和团向洋人的示威与血战，只是慈禧手中的筹码。她的心中始终只有自家的私利。

为了达成自家的私利，慈禧不惜以国运和生命为赌注，一旦在赌桌上彻底输掉筹码，就让天下人背锅。后来她谈起进攻使馆的事："依我想起来，还算是有主意的，我本来是执定不同洋人破脸的，中间一段时期，因洋人欺负得太狠了，也不免有些动气。但是没拦阻他们，始终总没有叫他们十分尽意的胡闹，火气一过，我也就回转头来，处处都留

[1]（1906—1967），清朝末代皇帝。醇亲王载沣子。辛亥革命后退位。

[2]（1868—1913），叶赫那拉氏，清光绪帝皇后。慈禧太后侄女。徽号"隆裕"。

[3]在今北京西城区，今已不存。

[4]清朝天主教教堂。在今北京西城区西什库大街。

着余地，我若是真正由他们尽意的闹，难道一个使馆有打不下来的道理。”

进攻使馆期间，朝廷还给使馆送去米面、蔬菜、西瓜等物资。义和团是有自己的问题，抢劫、愚昧……这些都是义和团的标签，他们算不上真正的王者之师，但一腔热血是没错的。被朝廷高层当作炮灰利用，压榨之后又被抛弃，最终遭到中外的联合绞杀，华北大地尸横遍野。

真正的问题不是来自义和团，恰恰是朝廷。而当炮灰的，又何止是义和团？

▲慈禧叶赫那拉氏像

留美幼童：容闳的爱国梦

一

1872年8月11日，一艘名为“中国号”的蒸汽轮船发出轰鸣，缓缓驶离上海吴淞口，它的目的地是大洋彼岸的美国。在船上有三十名中国儿童，他们的平均年龄只有十二岁，大清将他们送出去，是希望他们能够学到美国的技艺。后来，他们有了一个共同的名字——“留美幼童”。

三年后，海军舰长刘步蟾被派到英国学习。站在船头，他望着万里大洋许下心愿：“此去西洋，深知中国自强之计，舍此无所他求，背负国家之未来，取尽洋人之科学，赴七万里长途，别祖国父母之邦，奋然无悔。”

这是那一代人出国留学的心声，而促成这一切的人，叫容闳（hóng）[1]。他毕业于耶鲁大学[2]，见识了新知识的瑰丽，又环游世界，目睹巴黎、伦敦之繁华，再回头看尚处蒙昧的大清国，他不禁黯然神伤：“向西方学习吧，这是摆脱落后的唯一出路。”为了这个志愿，他奋斗了一生，至死不悔。

[1]（1828—1912），中国第一个毕业于美国大学的学生。著有《西学东渐记》。

[2] 美国历史最悠久的私立大学之一。创办于美国东北部的康涅狄格州纽黑文。

二

1828年，容闳生于广东香山县。距家门口一百米处是一条河，河对岸是葡萄牙人占据的澳门。一河之隔，就是两个世界。

八岁时，父亲把他送去澳门就读马礼逊[1]学堂，倒不是因为他们家开明，而是那所西式学堂不收费，还管吃、管住、管穿衣，一年下来能给家里省不少钱。谁都没有想到，父亲意外的决定竟然改变了儿子的一生，这只蝴蝶扇动的翅膀，将在几十年后掀起滔天巨浪。

[1]（1782—1834），基督教新教第一位来中国的传教士。英国人。

1846年，马礼逊学堂的校长布朗生病，需要回美国接受治疗。临行前他问学堂的孩子们："有谁愿意跟我去美国读书？"孩子们左顾右看，没有人说话。思虑良久，容闳站起来告诉布朗校长："我愿意。"

当时的情形远非我们想象中那样简单。十九岁的少年从没出过远门，认识的人大部分是村里老乡，现在竟然要跟外国人去万里之外的陌生国度，这需要多么大的勇气？如果换作你我，恐怕是不敢的。

但容闳和其他两位同学就有这样的勇气，他们跟着布朗校长来到美国，就读于精英汇聚的孟松学校[2]。人生中的机遇只有几次，可不敢放弃现有的逼仄（zè），没有视死如归的勇气，让大部分人都倒在了机遇的门口。容闳迈出了第一步，不论成

[2]位于马萨诸塞州（简称麻省），是当时美国最著名的大学预备学校。

败，他都有理由自豪。

在美国，读大学的费用很高。孟松学校的校董答应为容闳提供资助，但是有一个小小的要求：毕业后回中国传教。此时的容闳已经明白了自己的心愿："我虽然贫穷，但是无论学什么专业，都要选择对中国最有益的。"

大格局下的大梦想总是拨动人的心弦。一个妇女协会看到了他的真心，或许是想起了自己的祖国，或许是看到了当年的自己，她们答应资助他读大学所需的费用。

容闳实在是太聪明了。在耶鲁大学，他穿着长袍马褂、拖着油亮的大辫子走在校园内，这样的打扮总是免不了被人笑话，但每当公布成绩时，容闳都是第一名。美国学生竟然被留学生"打"得一败涂地，太伤自尊了。

1854年，容闳获得耶鲁大学文学学士学位，成为第一位毕业于此的中国留学生。那天，《纽约时报》[1]的评论家布什内尔请他留在美国，丰厚的薪水自然不用提，还有住房、前程等，这是一条鲜花铺就的道路。但容闳告诉他："我要做的事，是把西方的学术传播到中国，让中国能走上富强的道路。个人荣辱，不算什么。"

很显然，布什内尔不看好这项事业。在他看来，不论是北京的咸丰，还是天京的洪秀全，都不是能够接受西方知识的人物。容闳的这条路，可谓步步杀机，但没人能拦得住他。

[1] 美国三大报纸之一。也是影响最大的报纸。日报。

三

他的第一个选择是太平天国，这对容闳来说一点也不意外，回国后他在香港工作时结识了一名叫洪仁玕（gān）[1]的牧师，他有个族兄叫洪秀全。如今，洪仁玕是太平天国的干王。同是基督的信徒，让他们有了相同的志向，这也让容闳一厢情愿地认为：他们是向西方学习的团队。

1860年11月6日，他从上海出发前往天京。刚见到洪仁玕，茶水还没来得及喝一杯，容闳就从怀中拿出为太平天国拟定的建国方略：

（1）按照科学原则组建军队；

（2）创办陆军军官学校；

（3）创办海军学校，建设海军；

（4）组织文官政府；

（5）建立银行体系和金融制度；

……

每一条下面都有详细的实施方案。他把美国早已成功的经验介绍给太平天国，希望他们能走出新的局面，他还保证："采纳予言，愿为马前走卒。"

可我们知道，太平天国口号喊得震天响，但要论愚昧和落后，也排得上号。洪秀全仔细看了容闳的建议："呵，不就是想做官吗，还搞这么多花样，来吧，给你个大官做做。至于方案就算了吧。"

[1]（1822—1864），太平天国领导人。曾向洪秀全提出发展资本主义的方案《资政新篇》。

君子以义合，小人以利交，既然不是同路人，就不坐一条船，省得耽误大家的功夫。告辞，留步。

四

容闳的转机来自三年后，当时他收到一封曾国藩幕僚的邀请函，希望容闳能到安庆[1]见一面，大家聊一聊时局，谈一谈中外。

既然天国梦断，那么见见也无妨。在安庆一见面，曾国藩就给他“相面”。他让容闳坐在面前含笑不语好几分钟，锐利的眼光从头扫到脚，然后停留在他的脸上：“愿不愿意在军队混呀？”容闳说：“不不不，鄙人不擅于奔跑。”

曾国藩认定这是一个诚实的人，有自知之明而且谦逊，是个人才。此时曾国藩想建立一个军工厂，主要生产来复枪、大炮等武器，容闳一听就觉得他太小家子气了，他马上向曾国藩建议：“为什么不创办一个生产机器设备的工厂呢？有了设备，什么样的工厂都能建立起来。”

这可是重工业工厂，关键是容闳还有自己的理由：“以中国原料之廉价、人工之丰富，将来自己造机器，肯定比欧美便宜得多。”曾国藩觉得这是一个好主意，马上让他带六万八千两银子直奔美国，购买了一百多种机器设备。

1865年，江南机器制造总局[2]成立，容闳凭借

[1] 清为安徽省省会。1912年废。

[2] 简称“江南制造局”。李鸿章所办，后经不断扩充，成为清政府最大的军事企业。主要制造枪炮和修造轮船。

自己的见识，开启了近代工业的先河。

五

此时的容闳也算功成名就了。在曾国藩、李鸿章身边做事，头顶五品官衔，如果是普通人的话，一辈子混到这份上也差不多了，可容闳却经常夜不能寐。他在耶鲁大学吹过的牛还没有实现，先进的知识还没有引入中国，同胞们依然蒙昧，不知世界的潮流。

何以解忧，唯有留学。好在优秀的灵魂总是不期而遇。1871年，曾国藩和李鸿章联合上奏："拟选聪颖幼童送赴泰西各国书院学习军政、船政、步算、制造诸书，约计十余年，业成而归。"同治皇帝大笔一挥，准。

容闳被任命为留美学生副监督，而正监督是翰林出身的陈兰彬，这样能减少守旧势力的干扰。多年后容闳依然能记得此时的兴奋："予闻此消息，乃喜而不寐，竟夜开眼如夜鹰，觉此身飘飘然如凌云步虚，忘其为偃（yǎn）卧[1]床笫（zǐ）间。"

实现多年的心愿，在此一举，干。

[1] 仰卧，睡卧。

六

在当时，出国留学是很困难的。首先是没有

生源，在“四书五经[1]”为尊的年代，学子们只要没经历过科举，都会被视作路边货，根本不受社会尊重，也没有任何前途可言。容闳回到“得风气之先”的老家香山，才在贫苦人家中招到一半学生的数额，另外一半则靠沿海各省的摊派。

1872年8月11日，第一批三十名留美幼童从上海吴淞口出发，启程赴美留学。以后每年都会派出三十人，共计一百二十名留学生，他们中没有一个八旗子弟，没有一个富家公子。

远赴万里之外，只为寻求先进的学问，只为寻求报国救民的方法，虽然他们的人数不多，可火种一旦点燃，就是希望。

然后是适应环境。9月12日，学生们抵达美国旧金山[2]，然后乘坐刚刚贯通北美的火车一路向东，十天后，他们抵达美国东北部的康涅狄格州。容闳担心城市中的不良风气会影响学生，于是就想把他们分散到离城市较远的美国家庭中，恰好美国人也对中国留学生极为热情。

当康州政府号召居民接纳留学生时，他们的申请表远远超过了需求。在随后的几年间，一百二十名学生分散到五十四户居民中，这种方式帮助学生们顺利融入了当地社会，他们在寓居的家庭中学习英语、培养美式生活习惯，在长年累月的生活中，还和寓居的家庭积累了深厚的感情。

1911年，已经担任清朝外务大臣的梁敦彦还专门邀请当年寓居家庭的两位小姐姐去北京，在他家住了一年，此时距他去美国已过去将近四十年。

[1] 古代儒家经典。四书即《大学》《中庸》《论语》《孟子》，五经即《诗》《书》《礼》《易》《春秋》。

[2] 即圣弗朗西斯科。美国加利福尼亚州太平洋岸港市。华侨称“旧金山”或“三藩市”。市区内的“中国城”是美国最大华人社区之一。

最后是教学方式。在康涅狄格州哈特福德的出洋肄（yì）业局大楼中安放着孔子牌位，学生们定期到这里向皇帝磕头，然后学习传统的四书五经，回到学校后再继续学习美国课程。

与中国传统的书斋不同，留学生们在美国的学习生活特别广泛，棒球、橄榄球、划艇等剧烈运动都是他们的最爱。詹天佑[1]、梁敦彦、蔡绍基、黄开甲等九人组成“东方人棒球队”，凭借一时无两的战绩，经常能赢得美国女孩的青睐。还有钟耀文，在他担任舵手期间的“耶鲁大学赛艇队”，曾经连续两年战胜哈佛大学赛艇队。文体两开花，是那一代留学生的本事。

1876年的费城[2]世界博览会上，美国总统格兰特专门接见了中国留学生，而中国代表团的李圭（guī）[3]也目睹了他们的风采：“见诸童多在会院游览，于千万人中言动自如，无畏怯态。装束若西人，而外罩短褂，仍近华式……吐属[4]有外洋风派。”

容闳也评价自己的学生：“终日饱吸自由空气，其平日性灵上所受极重之压力，一旦排空飞去，言论思想，悉与旧教育不侔（móu）[5]，好为种种健身之运动，跳踯（zhí）驰骋，不复安行矩步。”

七

在容闳的大梦想中，还有重要一环。既然中国

[1]（1861—1919），中国铁路工程先驱，曾主持修建中国自行建造的第一条铁路京张铁路。

[2]全称“费拉德尔菲亚”。美国第五大城市。在美国大西洋沿岸的宾夕法尼亚州。1876年，美国为庆祝《独立宣言》在费城正式通过一百周年，特别举办此届世界博览会。

[3]清末大臣。中国第一个以官方身份正式参加世博会的人，其所著的《环游地球新录》是迄今为止发现的中国第一部以亲历者身份记述世博会见闻的著作。

[4]谈吐。

[5]齐，相等。

人能学习美国的知识，那么，能不能让美国人也学习一下中国的传统文化呢？答案是可以的。

1878年，容闳将自己多年的藏书捐赠给耶鲁大学，共一千二百三十七卷，基本都是四书五经、《百家姓》《三字经》[1]《山海经》[2]《三国志》[3]等古典书籍。一百多年后，以这批书籍为基础发展起来的耶鲁东亚图书馆，已成为世界汉学研究资料最丰富的图书馆之一。

流水不腐，户枢不蠹。[4]我们学习外国文化，也不要漠视传统文化，互相交流才能碰撞出新思想，更新固有观念。难怪曾国藩说："容闳所为，就像张骞、玄奘[5]出使绝域一般壮丽。"

1881年，容闳奉献了毕生心血的留学事业终于被叫停。清朝的大佬们认为，留学生成了"香蕉人"。他们以美国的习俗为荣，崇尚自由，热爱科学，反对礼教，甚至不再对中国的皇帝顶礼膜拜，如此人才岂能为我所用？

既然是威胁，必然要扼杀之。在朝廷的严令之下，截至当年年底，剩余九十四名留学生分三批回国。在上船前，詹天佑、梁如浩等人还和奥克兰棒球队打了最后一场比赛，胜利后，他们便从此和棒球、美国挥手告别。

没有对比就没有伤害。一海之隔的日本留学事业此时却蒸蒸日上，从1868年的九十二人，到1881年已有将近四千八百人。五十年后的灾难早已在此时埋下了种子，而把日本留学生带到美国的，恰恰也是带容闳出国的布朗校长。

[1] 书名，皆是中国古代的蒙学课本。是以识字为主的综合性教材。与《千字文》合称"三百千"。

[2] 书名。其中记述了大量民间传说中的地理知识和远古神话传说。对研究中国古代地理、历史、民俗及神话等，均有参考价值。

[3] 西晋陈寿撰纪传体三国史，二十四史之一。

[4] 流动的水不会发臭，经常转动的门轴不会腐烂。比喻事物经常运动就不易受侵蚀。

[5] （602或600—664），通称"三藏法师"，俗称"唐僧"。唐佛教学者、旅行家，中国佛教三大翻译家之一。曾西行至天竺，十九年后返回长安，将旅行见闻撰成《大唐西域记》，成为吴承恩撰写《西游记》的重要素材。

不过话说回来，这九十四人的使命就是火种。在几十年后，唐绍仪[1]出任内阁总理、蔡绍基出任北洋大学[2]校长、詹天佑修铁路、唐国安[3]做了清华学校[4]校长、梁如浩创办交通大学[5]……

容闳点亮了黑暗，终究成烈火燎原。一步一步，一点一点，就算此时不如人，只要努力做下去，迟早有一天会成大器。

八

留学叫停，容闳梦断。1887年，他在租住的房子里有苦难言，再加上妻子在半年前去世，他在书桌上抄写了一首刘禹锡[6]的《岁夜咏怀》：

弥年不得意，新岁又如何？
念昔同游者，而今有几多？
以闲为自在，将寿补蹉跎。
春色无情故，幽居亦见过。

字里行间，可见其心绪难平。国家不堪，人生无望，容闳就在人生的低谷里开始了令人诟病的晚年。十二年后，他支持康有为、梁启超[7]主持的“戊戌变法”，甚至把自己在东华门外的房子作为维新派聚会的据点。康、梁和六君子在这里商议变法的大计，其中无数建议、奏折、条文都由容闳亲笔书写，可以说，他是“戊戌变法”的幕后灵魂。

[1]（1862—1938），中华民国首任内阁总理。

[2]今天津大学前身。1895年由盛宣怀创办于天津，蔡绍基在此任期长达十一年。

[3]曾充任游美学务处会办与清华学堂副监督，1912年游美学务处并入清华学校，任首任校长。

[4]今清华大学前身。

[5]今西南交通大学的前身。

[6]（772—842），唐文学家、哲学家。

[7]（1873—1929），中国近代维新派领袖、学者。康有为弟子，与其合称“康梁”。

在变法失败的前一夜，谭嗣同找袁世凯商议“围园劫后”的事情。第二天，天崩地裂。谭嗣同等人在菜市口被斩，康有为、梁启超紧急出逃，容闳拖着七十岁的病体也乘坐马车出城。珠市口，一队清军奉命拦截容闳，清军头领掀起马车门帘一看，正是朝廷通缉的要犯，然而，他却默默地把门帘放下，放马车顺利出城。

别人不知道，容闳却看清楚了：原来他是自己的学生，第三期留美幼童周寿臣。是非公道，自在人心。

九

容闳从天津坐船逃往香港，然后前往美国。途经澳门时他抬头看去，岸边正是自己小时候读书的马礼逊学堂。当年的小孩从山上看大海，如今的老人在大海回望山头。人还是那个人，只不过沾染了岁月的风霜。

在前往美国的船上，他认识了一个香山老乡，此人化名“中山樵”，现在我们称他为孙中山[1]。那时的孙中山经常搞一些小型起义，而此时的容闳，在所有路都走不通，已至山穷水尽时，只有最后一条路。他给孙中山出谋划策：“与其把精力都耗费在小打小闹上，不如好好积蓄力量，将来毕其功于一役。”

十三年后，我们都看到了结果。武昌城头的

[1]（1866—1925），近代民主革命家。早年创建兴中会和同盟会，提出三民主义学说，多次发动武装起义，立志推翻清朝。辛亥革命后，任中华民国临时大总统，不久辞职。同盟会改组为国民党，他被选为理事长。后又领导“二次革命”、护法运动，计划北伐、推进国共第一次合作、提出新三民主义等。

一声炮响，大清朝换了颜色。如今我们都在说“见识更广大的世界”，可更广大的世界到底是什么样子？不是省吃俭用的驴友[1]，不是上车睡觉下车拍照的游客。而是知晓世界的学问，明白中外之广博和差异；也是读万卷书的洞明，用数千年智慧指导人生；更是胸怀天下的格局，有服务于大事业的勇气。你眼中广大的世界是一条漫长的河流，它可能不会给你任何好处，可一旦风云际会，它将是你跃出龙门的强大助力。

[1] 泛指爱好旅游，经常一起结伴出游的人。

1912年4月21日，容闳病逝于哈特福德的寓所内。他身边的书桌上放着一张孙中山的近身照和一封邀请他回国任职的亲笔信。他的朋友杜吉尔说，容闳是一个爱国者，他从头到脚，每一根纤维都是爱国的。他热爱中国，他信赖它，确信它有远大辉煌的前程，配得上它那高贵壮丽的山河和伟大悠久的历史。

大仁者，不失其赤子之心。